위대한 부흥의 불꽃, 이스라엘의 사사들

제4권 부흥에서 제외된 사람들

위대한 부흥의 불씨, 이스라엘의 사사들
제4권 부흥에서 제외된 사람들

글쓴이 김서택
펴낸이 정애주

출판제작국
　편집팀　송승호 한미영 김기민 김준표 오은숙 정한나
　디자인팀　김진성 송하현
　제작팀　윤태웅 유진실 임승철
사업총괄본부
　마케팅팀　차길환 국효숙 박상신 오형탁 송민영
　경영지원팀　오민택 마명진 윤진숙

펴낸날 2001. 11. 9. 초판 발행
　　　 2012. 8. 8. 5쇄 발행

펴낸곳 주식회사 홍성사
1977. 8. 1. 등록 / 제 1-499호
121-897 서울시 마포구 합정동 369-43
TEL. 02) 333-5161　FAX. 02) 333-5165
http://www.hsbooks.com　E-mail:hsbooks@hsbooks.com

ⓒ 김서택, 2001

ISBN 978-89-365-0615-5
값 7,900원　※잘못된 책은 바꿔드립니다.

위대한 부흥의 불꽃, 이스라엘의 사사들
제4권 부흥에서 제외된 사람들

김서택 지음

홍성사

위대한 부흥의 불꽃, 이스라엘의 사사들
제4권 **부흥에서 제외된 사람들**

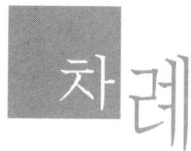

1. **미가 집안의 고용 제사장** 17:1-13   7
   종교성이 강한 한 가정에 일어난 일●우상 종교와 율법의 차이●
   직업주의 제사장의 등장

2. **단 지파의 선택** 18:1-10   34
   땅을 차지하지 못한 단 지파 사람들●고용 제사장과의 만남●
   라이스 땅을 발견하다

3. **단 지파의 신상 탈취** 18:11-31   54
   단 지파가 유다에서 지체하다●신상 탈취 사건●
   신상을 회수하려고 쫓아간 미가●단의 최후

4. **레위인의 도덕적 상태** 19:1-15   76
   레위인의 첩●첩 장인의 환대●위기가 발생하다

5. 또 하나의 소돔 성 19:16-30 96
   기브아에서 생긴 일●또 하나의 소돔 성●레위인의 반응

6. 기브아의 징계 문제 20:1-28 119
   이스라엘 총회가 열리다●베냐민 지파의 반발●이스라엘의 패배

7. 이스라엘 내전의 결과 20:29-21:4 141
   내전의 명분●이스라엘의 매복 작전●내전의 결과

8. 이스라엘에 왕이 없으므로 21:5-25 163
   이스라엘 백성들의 맹세●베냐민을 위해 야베스 길르앗을 치다●
   실로의 처녀 납치

   부록●차례에 따른 성경본문 183

1
미가 집안의 고용 제사장

…… "레위인이 내 제사장이 되었으니 이제 여호와께서 내게 복 주실 줄을 아노라" ……

사사기 17:1 - 13

한때 전라도 나주 지방에 있는 한 마리아 상이 눈물을 흘린다고 해서 많은 사람들이 보러 간 적이 있었습니다. 저도 어떤 청년들의 집회를 위해 나주의 수련장에 갈 일이 있었는데, 마침 그 수련장은 성당이 관리하는 곳이었습니다. 그런데 누군가 바로 그 성당에 유명한 마리아 상이 있다고 했습니다. 그래서 관리인에게 물어보았더니, 그 성당이 아니라 나주시에 있는 성당에 있었는데 이상하게도 집에 두면 눈물을 흘리고 성당에 옮겨 놓으면 눈물을 흘리지 않아서 원래 있던 집에 두었다고 했습니다. 그리고 마리아 상이 병 치료에 영험을 보인다는 것은 교리적으로 옳지 않으므로 찾아가지 말라는 지시가 있어서 자신은 찾아가지 않고 있다면서, 혹시 가 보고 싶다면 약도를 그려 주겠다고 말했습니다. 그러나 저는 천주교도 이단시하고 있는 마리아 상을 왜 굳이 보러 가겠느냐고 대답하고 그냥 서울로 올라왔습니다.

사람들은 참 이상합니다. 마리아 상이 눈물을 흘리면 병 치료에 영험이 있을 것이라고 생각하고, 비석이 땀을 흘리면 나라에 이변이 생길 것이라고 생각합니다. 또 머리에 가리마가 여러 개면 여러 번 결혼한다는 식의 미신을 의심 없이 믿습니다. 사람들이 이런 미신에 빠지는 이유가 무엇입니까? 실제로 우리 주위에 있는 모든 것들이 설명할 수 없는 힘에 의해 움직이고 있기 때문입니다. 그래서 인격적인 하나님을 바로 알지 못하면 어쩔 수 없이 미신적인 생각에 빠지게 되어 있습니다. 미신은 아무것도 아닌 것을 믿게 할 뿐 아니라 끝까지 그 영향력에서 벗어나지 못하게 만드는 힘을 가지고 있습니다. 꼭 마약 같습니다. 마약에 빠지는 것은 자신의 건전한 능력을 포기하는 것입니다. 한번 마약에 빠지면 점점 더 깊이 빠져들게 되고, 결국에는 자기 자신뿐 아니라 주변 사람들까지 파멸에 빠뜨리게 됩니다.

사사기 설교를 시작할 때 말했던 것처럼, 사사기는 크게 세 부분으로 나눌 수 있습니다. 첫째 부분은 각 지파의 가나안 정복사입니다. 그런데 이 정복사는 여호수아 때의 정복사와 달리, 가나안을 제대로 정복하지 못한 채 엉거주춤 주저앉아 버린 이스라엘의 모습을 보여 주고 있습니다. 유다 지파를 제외한 대부분의 지파가 이미 차지한 땅에서조차 가나안 족속들을 몰아내지 못하고 타협해 버렸습니다.

둘째 부분은, 이처럼 가나안 족속들을 완전히 몰아내지 못한 채 결국에는 그들의 지배를 받게 된 이스라엘 백성이 억압과 고통을 당하고 있을 때, 하나님이 평범한 사사들에게 성령을 부어 놀라운 구원을 이루신 내용을 다루고 있습니다. 사사들은 왕이 아니었습니다. 장군도 아니었습니다. 그저 평범한 평신도들이었을 뿐입니다. 그 가운데는 장애인도 있었고 여성도 있었고 기생의 아들도 있었습니다. 그런데 이들이 성령의 능력에 붙들리자, 어느 누구도 일으키지 못한 놀라운 구원의 역사를 일으킬 수 있었습니다. 사사들이 활약한 이 중간 시대의 역사는 부흥의 역사였습니다. 그들은 단순히 군사적으로 승리한 데 그친 것이 아니라, 자신들의 믿음을 통해 하나님의 살아 계심을 증거했습니다. 그 능력으로 교회는 침체에서 벗어나 하나님께 대한 새로운 신앙을 회복할 수 있었습니다.

그러나 사사기 마지막 부분은 이런 부흥의 와중에서도 끝끝내 회복되지 못한 곳들을 보여 주고 있습니다. 하나님의 백성들은 아무리 침체되어도 성령의 능력만 회복되면 다시 일어날 수 있는 법입니다. 그럼에도 불구하고 끝끝내 살아나지 못하고 결국 잘려 나간 곳들이 있었습니다. 다친 다리가 썩어서 도저히 소생시킬 수 없게 되면 아무리 아까워도 잘라 낼 수밖에 없는 법입니다. 사사기가 전체적으로 보여 주고 있는 바는, 말씀 운동만 일어나면 아무리 침체되고 타락해 있는 교회라도 얼마든지 다시 살아날 수 있다는 것입니다. 그런데 그 당시 이스라엘에는 말씀 운동 자체가 도저히 일어나지 못할 정도로 완전히 썩어 있는 부분들이 있었습니다. 그 부분들은 이스라엘의 역사에서 영원히 잘려 나갈 수밖에 없었습니다.

이렇게 잘려 나간 두 지파가 바로 단 지파와 베냐민 지파입니다. 단 지파는 우상 숭배로 망했고, 베냐민 지파는 음란으로 망했습니다. 그런데 놀랍게도 이 두 지파의 타락은 모두 레위인의 타락과 관련되어 있었습니다. 레위인은 요즘 식으로 표현하면 성직자나 성직자를 돕는 사람들, 즉 목사나 전도사에 해당한다고 볼 수 있습니다. 단 지파의 종교적인 타락과 베냐민 지파의 성적인 타락은 바로 이들의 타락과 연결되어 있었습니다. 즉 사사기 중간 부분은 평신도들이 성령의 능력으로 큰 구원을 일으킨 역사를 보여 주는 반면, 사사기 끝부분은 성직자들이 타락함으로써 이스라엘을 회복 불가능할 정도로 부패시킨 역사를 보여 주고 있는 것입니다.

베냐민 지파는 전쟁에서 다 죽고 600명만 살아남았습니다. 수술로 치면 사지가 거의 대부분 잘려 나간 것이나 다름없었습니다. 그럼에도 불구하고 그들은 이 큰 수술을 받고 난 후에 다시 소생할 수 있었습니다. 그러나 단 지파는 다시는 고침받지 못한 채 이스라엘의 역사에서 영원히 사라지고 맙니다.

종교성이 강한 한 가정에 일어난 일

단 지파를 망하게 만든 이단은 외국에서 들어온 이단이 아니라 에브라임 지파 안에서 시작된 이단이었습니다. "에브라임 산지에 '미가'라 이름하는 사람이 있더니"(17:1)

여호수아는 가나안 땅에 들어가면서 이스라엘 열두 지파에게 각기 땅을 분배해 주었습니다. 그런데 그 중에서 유독 산지를 많이 할당받은 지파가 바로 에브라임 지파였습니다. 여호수아서를 보면 그때부터 벌써 이들이 불평하는 모습이 나오고 있습니다. 에브라임 사람들에게는 산지 콤플렉스가 있었습니다. 자신들은 산에서 살기 때문에 항상 정보에 뒤처진다는 것입니다. 기드온 때 전쟁 소식을 빨리 알려 주지 않았다고 해서 싸우려 했던 것도 이런 콤플렉스의 표현이었습니다.

그런데 더 큰 문제는 정보만 뒤처지는 것이 아니라 성전에 가는 길 또한 멀다는 것이었습니다. 이스라엘은 열두 지파로 나뉘어 있었지만 예배만은 실로에서 드려야 했습니다. 그런데 에브라임에서 실로까지 가려면 산도 몇 개씩 넘고 골짜기도 빙빙 돌아서 가야 했습니다. 직선거리는 얼마 되지 않았지만 실제로 가야 하는 거리는 여간 먼 것이 아니었습니다.

그런데 그 에브라임 지파에 미가라는 사람이 있었습니다. "미가"는 대단히 종교적인 이름입니다. 이것은 원래 '미가야' 또는 '미가

예후'라는 말로서, '여호와와 같은 자 누구냐?'라는 뜻입니다. 다시 말해서 '여호와가 최고'라는 뜻을 가진 이름인 것입니다.

미가의 어머니는 늙은 부인이었던 것 같은데, 돈이 아주 많았습니다. 옛날 부자는 보통 양이나 가축을 많이 가지고 있었는데, 이 부인은 돈을 많이 가지고 있었습니다. 그런데 그때는 은행 같은 것이 없으니까 돈을 보관하기도 어려웠을 뿐 아니라, 어디에 보관했다고 해도 누가 훔쳐 가지는 않을까 늘 불안에 떨어야 했습니다. 그래서 사람들은 대개 항아리 안에 돈을 넣어 자기만 아는 곳에 파묻어 두곤 했습니다. 그런데 이 부인이 이렇게 숨겨 놓은 돈을 그만 잃어버리고 말았습니다. 그는 너무나 화가 난 나머지 자신의 귀중한 돈을 훔쳐 간 도둑에게 입에 담을 수 없는 엄청난 저주를 퍼부었습니다.

그런데 그 돈을 훔쳐 간 사람은 바로 아들 미가였습니다. 미가는 돈이 탐나서 훔치긴 했지만 어머니의 저주를 듣고 나니 여간 꺼림칙하지 않았습니다. 우리는 그 어머니가 어떤 저주를 했을지 능히 짐작할 수 있습니다. "내 돈을 훔쳐 간 이 더러운 도둑놈아, 너는 분명 내장이 썩어 죽을 거야! 아들들은 다 소경이나 거지가 되고 딸들은 다 창녀가 될 거야! 내 돈에 손댄 놈들은 다 문둥병에 걸려 죽을 줄 알아!" 하는 식으로, 생각할 수 있는 나쁜 말이란 나쁜 말은 몽땅 퍼부었을 것입니다. 사실 다른 도둑들은 돈을 가지고 도망을 가 버리기 때문에 누가 저주를 하든 말든 듣지 못합니다. 그런데 미가는 바로 옆에서 어머니가 퍼붓는 저주를 빠짐없이 들어야 했습니다.

 미가는 종교성이 강한 사람이었습니다. 한순간 돈이 탐나서 훔치기는 했지만, 어머니의 저주를 들으니 예삿일로 넘길 수가 없었습니다. 아마 그의 어머니는 잃어버린 돈과 그 돈을 훔쳐 간 도둑을 매일같이 저주했을 것입니다. 어쩌면 저주의 기도까지 드렸을지도 모릅니다. '정말 내 내장이 썩어서 죽으면 어떡하지? 아들은 소경이나 거지가 되고 딸은 창녀가 되면 어떡하지?' 미가는 덜컥 겁이 났습니다. 그래서 어머니에게 돈을 도로 내놓고 자기 짓임을 털어놓았습니다. "그 어미에게 이르되 '어머니께서 은 1,100을 잃어버리셨으므로 저주하시고 내 귀에도 말씀하셨더니, 보소서, 그 은이 내게 있나이다. 내가 그것을 취하였나이다.' 어미가 가로되 '내 아들이 여호와께 복 받기를 원하노라' 하니라"(17:2).

 아들은 자신의 잘못을 고백했고 어머니는 그를 용서해 주었습니다. 그런데 이 어머니와 아들은 모두 종교성이 강한 사람들이었습니다. 돈은 돌아오고 용서는 이루어졌지만, 이미 내뱉은 저주가 문제였습니다. 옛날 사람들은 한번 말한 저주는 그대로 성취된다고 믿었습니다. 어머니는 돈을 받으면서 "내 아들이 여호와께 복 받기를 원하노라"라고 말했지만, 그렇게 말했다고 해서 저주의 효력이 사라질 것 같지 않았습니다.

 이럴 때 필요한 것이 바로 예배입니다. 만약 어머니와 아들이 함께 하나님의 성전에 나아가서 속죄제를 드렸다면, 그 저주를 두려워할 필요가 없었을 것입니다. 그러나 그들은 그렇게 하지 않았습니다. 그들은 자기들 방식대로 이 저주를 해결하려고 했습니다. 그 방식이 무엇입니까? 되찾은 돈으로 신상을 만들어 대대로 섬기는 것입니다. "미가가 은 1,100을 그 어미에게 도로 주매 어미가 가로되 '내가 내 아들을 위하여 한 신상을 새기며 한 신상을 부어 만들 차로 내 손에서 이 은을 여호와께 거룩히 드리노라. 그러므로 내가 이제 이 은을 네게 도로 돌리리라"(17:3).

어머니가 돈을 잃고 난 후 내뱉은 저주는 자손 대대로 내려가는 저주였던 것 같습니다. 실제로 구약 시대에는 저주가 대대로 내려가는 집안이 있었습니다. 가장 대표적인 예가 제사장 엘리의 집안입니다. 하나님은 그의 집안을 저주하셔서 그 집에 노인이 없을 것이라고 하셨고, 엘리 집안 사람들은 모두 젊어서 죽었습니다. 우리는 주위에서 미친 사람이나 자살하는 사람이 계속 나오는 집안을 가끔 볼 수 있습니다. 또 정신과 의사들은 환자가 찾아올 때 그 집안의 병력부터 조사하곤 합니다. 옛날에는 이것을 집안에 흘러내려오는 저주로 생각해서, 이 저주의 흐름을 끊기 위해 산에 들어가 중이 되는 이들도 있었습니다. 그렇다면 이런 집안은 엘리 집안의 경우처럼 정말 저주를 받은 것일까요? 그렇지 않습니다. 이것은 일종의 미신입니다.

그런데 미가와 그의 어머니도 이런 식의 미신을 믿고 있었던 것 같습니다. 어머니는 너무 화가 난 나머지 잃어버린 돈과 함께 돈을 훔친 도둑과 그 자손 대대에 이르기까지 무서운 저주를 퍼부어 버렸습니다. 그렇다면 어떻게 해야 이 돈에 붙은 저주와 자기 집안에 붙은 저주를 풀 수 있겠습니까? 그들은 한 신상을 세우고 자식들 중에 하나를 제사장으로 세워 그 신상을 계속 섬기게 하면 액땜을 할 수 있을 것이라고 생각했습니다. 이것이 그들 자신의 생각에서 나온 방법인지, 아니면 가나안 사람들이 일러 준 방법인지는 분명치 않습니다. 제 생각에는 주위에 있던 가나안 무당이 일러 주었을 가능성이 큰 것 같습니다. 왜냐하면 이스라엘 사람이 은으로 신상을 만든다는 것은 그야말로 예삿일이 아니었기 때문입니다. 그것은 진짜 저주받을 일이었습니다. 하나님은 그분의 형상을 만드는 자의 죄를 자손 3, 4대에 이르기까지 갚겠다고 말씀하셨습니다.

미가와 그 어머니는 마침내 신상을 만듭니다. "미가가 그 은을 어미에게 도로 주었으므로 어미가 그 은 200을 취하여 은장색에게 주어 한 신상을 새기며 한 신상을 부어 만들었더니 그 신상이 미가의 집에 있더라. 이 사람 미가에게 신당이 있으므로 또 에봇과 드라빔을 만들고 한 아들을 세워 제사장을 삼았더라"(17:4-5).

미가는 겁이 많은 사람이었습니다. 어머니의 돈을 훔치기는 했지만 엄청난 저주의 말에 놀라서 그 돈을 써 보지도 못한 채 도로 돌려주었을 뿐 아니라, 저주에서부터 벗어나기 위해 신당을 짓고 자기 아들 중 하나를 제사장으로 임명하기까지 했습니다.

성경을 보면 미가도, 그의 어머니도 이 저주받은 돈을 갖지 않으려 했던 것 같습니다. 어머니는 미가가 내놓은 돈을 다시 미가에게 주고 미가는 그 돈을 또 어머니에게 줍니다. 마산에 가 보니 동네 한가운데 큰 절이 있었습니다. 그래서 교인들에게 "웬 절이 이렇게 동네 한가운데 있습니까?" 하고 물었더니, 흉가라는 소문이 나면서 오랫동안 비어 있던 집 두 채를 절에서 구입하여 이렇게 큰 절을 지었다는 것입니다. 세상에 흉가가 어디 있습니까? 이것은 미신입니다. 미가나 그의 어머니도 이런 미신 때문에 서로 돈을 가지려 하지 않았습니다.

그들의 문제는 이 저주를 어떻게 푸느냐 하는 것이었습니다. 돈은 돌아왔지만 이미 내뱉은 저주는 주워담을 수가 없었습니다. 그들은 그 저주가 임할까 봐 무서워서 하나님이 정말 싫어하시는 신상을 만들어 섬기기 시작했습니다.

왜 예배가 필요합니까? 바로 이런 문제들에 매이지 않기 위해 필요합니다. 미래에 대한 두려움, 내 힘으로 풀 수 없는 인간관계, 부부 사이의 오랜 원한, 부모 자식 간에 쌓인 상처들을 전부 하나님에 가져가서 풀어놓고 해결받기 위해 필요합니다.

그런데 미가와 그의 어머니는 왜 이 문제를 해결받기 위해 하나님의 성막을 찾지 않았을까요? 한 가지 가능성은 실로까지 가기가 너무 멀었기 때문이라는 것입니다. 아니면 어머니가 자식이 도둑질했다는 소리를 제사장에게 하기 싫어서 그냥 주위에 있던 가나안 무당에게 물었을 수도 있습니다. 추측에 불과하지만, 그 돈 자체가 검은 돈이었을지도 모르겠습니다. 또는 이들이 실로에서 워낙 먼 곳에 살다 보니 말씀에 어두워진 것이 아닌가 하는 생각도 듭니다.

여하튼 이들은 저주에 대한 두려움을 말씀으로 해결하지 않고 주위 무당들의 말에 의존하여 풀고자 함으로써, 이스라엘 최초의 이단 종교를 만들기에 이르렀습니다. 그리고 이것은 단 지파에 흘러들어가 결국 그들을 영원히 멸망시켜 버립니다.

우상 종교와 율법의 차이

미가가 만약 하나님의 성막을 찾아갔더라면 어떻게 되었을까요? 율법에 따르면 도둑질한 사람은 훔친 물건을 네 배로 갚고 하나님께 속죄제를 드려야 합니다. 말이 네 배이지, 실제로 네 배를 갚고 나면 완전히 망하기 십상입니다. 예를 들어 소 한 마리를 훔쳤다고 합시다. 네 마리는 갚아야 하고 한 마리는 제사로 드려야 합니다. 그리고 그만큼 갚을 능력이 없으면 종살이를 해야 합니다. 그러니까 도둑질 한번 하면 그대로 망하는 것입니다.

율법은 왜 이렇게 엄한 배상을 명령하고 있습니까? 이것은 다시는 도둑질할 생각 하지 말라는 뜻입니다. 이 세상에서 가장 힘든 일은 노력하지 않고 남의 것으로 편하게 살려고 하는 것임을 가르쳐 주려는 거예요. 이것이 율법의 정신입니다.

그런데 우상 종교는 어떻습니까? 우상 종교에서는 죄를 드러낼 필요가 없습니다. 오히려 도둑질한 물건을 신에게 바침으로써 종교적으로 승화시킬 수 있습니다. 물론 본인은 도둑질해서 저주를 받은 물건이기 때문에 어쩔 수 없이 바치는 것이지만, 사람들은 겉으로 드러난 모습만 보고 "저 사람 신앙 좋다!"면서 감탄을 합니다. 아마 미가의 어머니가 성막을 찾지 않은 중요한 이유 중에 하나는 자식을 도둑으로 낙인찍히지 않게 하려는 눈먼 사랑에 있었을 것입니다. 그러나 죄는 은폐하고 감춘다고 해서 없어지는 것이 아닙니다.

 미가의 어머니가 돈을 잃었을 때 "돈이란 게 다 돌고 도는 거지" 하면서 포기했더라면 그렇게까지 심하게 저주하지는 않았을 것입니다. 그런데 돈을 포기하지 못했기 때문에 너무나 화가 난 나머지 있는 저주 없는 저주 다 퍼부었다가 결국 무거운 올무를 후손들에게 남기게 된 것입니다.

 그렇다면 미가의 어머니가 화가 나서 내뱉은 이 저주의 말들은 정말 미가와 그의 후손들에게 그대로 적용될까요? 저는 적용된다고 생각합니다. 저주 자체에 무슨 힘이 있기 때문이 아닙니다. 설사 미가의 어머니가 저주하지 않았더라도 훔친 돈으로 후손들이 언제까지나 잘살 수는 없었을 것입니다. 또 아버지가 도둑질하는 것을 보고 자란 자식들은 자신들 역시 아버지처럼 도둑질하게 될 가능성이 큽니다. 하나님께서 우상을 만들지 말라고 하신 것도 부모가 우상을 섬기는 것을 보고 자란 자식들이 건전한 사고를 가질 수가 없기 때문입니다. 아버지가 점이나 치고 매일 아침 화투로 큐티 하는 것을 보고 자란 아들이 건전한 분별력을 가지고 산다는 것은 아주 어려운 일입니다.

한번은 어떤 청년이 심각한 표정으로 저를 찾아왔습니다. 그는 자신에게 음란한 피가 흐르고 있다고 했습니다. 이유를 물었더니, 할아버지가 바람을 피워서 가정을 파탄에 빠뜨렸다는 것입니다. 아버지도 그랬고, 삼촌도 그랬다는 것입니다. 그래서 자기도 그렇게 될까 봐 고민하다가 기도 많이 하는 사람을 찾아가 물었더니, 그가 정해 주는 여자와 결혼을 하면 액땜이 된다고 했답니다. 그런데 그 여자는 청년이 전혀 사랑하고 싶지 않은 여자였습니다.

사실 부모가 죄를 짓고 싶어도 자식들이 배울까 봐 두려워서 삼가는 경우가 많이 있습니다. 부모라면 자기 자식들한테만큼은 추잡하고 더러운 꼴을 보여 주지 않기 위해 죄를 짓고 싶어도 꾹 참는 것이 정상입니다. 그런데 자식들의 앞날은 생각지도 않은 채 자기 욕심에 빠져 바람을 피우거나 도둑질로 잘살려 드는 부모가 있다면 그들은 그야말로 완벽한 이기주의자가 아닐 수 없습니다. 아버지가 술 마시고 행패 부리는 것을 보고 자란 아들은 커서 똑같은 짓을 하게 되기 쉽습니다. 아버지가 하는 짓이 싫어서 가출하고 반항했던 아들이 커서 똑같은 짓을 반복하는 이유가 무엇입니까? 자기가 자라면서 본 것이 바로 그런 짓이었기 때문입니다. 자기도 모르는 사이에 '저런 짓을 할 수도 있다'는 생각이 잠재의식 속에 입력되어 버린 거예요. 물론 아버지를 닮지 않는 아들도 있습니다. 아버지를 철저하게 비판하고 아버지와 완전히 갈라선 아들은 아버지의 죄를 반복하지 않습니다.

사람 안에는 다 죄의 성향이 있습니다. 그래도 부모는 자녀의 장래를 생각해서 자기 정욕대로 다 하지 못하는 법입니다. 이것이 정상적인 현상입니다. 그런데 부모가 자녀의 미래를 생각지 않고 자기 욕심에 따라 죄를 지을 때, 자녀에게 얼마나 강한 죄의 충동을 남기게 되는지 모릅니다. 그 자녀들은 아버지가 잘못했다고 생각하면서도 결국 그 충동에 따라 아버지가 걸어간 길을 그대로 따라갑니다.

부모의 몹쓸 짓 때문에 큰 상처를 받고서도 그들이 아버지이고 어머니이기 때문에 비난하지 못한 채 속에 담아 두는 사람은 결국 자신의 인생을 파멸에 빠뜨리든지, 아니면 아버지나 어머니의 삶을 그대로 따라가게 됩니다. 죄는 철저하게 비판해야 합니다. 아무리 부모라도 죄지은 것은 분명히 정죄해야 하고 철저하게 뿌리 뽑아야 합니다. 그렇게 하지 않으면 지금은 부모를 욕해도 나중에는 부모와 똑같아집니다.

이것이 이를테면 저주가 유전되는 것입니다. 사람들이 생각하는 것처럼 저주 자체에 무슨 힘이 있는 것이 아니에요. 아버지의 죄된 행동이 본이 되어 자신도 모르는 사이에 '저런 일을 해도 된다'는 생각이 입력됨으로써 결국 똑같은 죄를 짓게 되고 똑같은 저주에 빠지게 되는 것입니다.

  그 저주에서 벗어나는 길은 아버지의 죄를 분명하게 비판하며, 자기 안에 있는 죄의 성향을 철저하게 회개하고, 그 집에서 잘려 나오는 것입니다. 호적에서 제명당하고 아버지의 집에서 완전히 쫓겨나는 거예요. 아버지의 죄를 답습하지 않으려면 그 죄를 숨기고 쉬쉬해서는 안 됩니다. 내 안에 있는 아버지의 죄된 성향을 철저하게 비판하고 시정해야 합니다. 이것이 율법의 정신입니다.

  그런데 율법에 대해 한 가지 더 생각할 문제가 있습니다. 가족 사이에서 돈을 훔쳤다가 갚을 때에도 네 배나 갚을 필요가 있을까요? 가족의 돈을 훔쳤다가 잘못을 깨달았을 때에는 그냥 다시 돌려주면 되지 않을까요? 저는 미가가 어머니의 돈을 네 배나 갚을 필요는 없었을 것이라고 생각합니다. 그러나 하나님 앞에 가서 속죄제를 드릴 필요는 있었습니다. 왜냐하면 이런 죄에는 앙금이 남기 때문입니다. 그들에게 죄의 상처를 치료받을 마음이 있었다면 하나님 앞으로 나아갔어야 합니다. 아무리 돈을 잃었다고 해도 도둑의 자자손손까지 저주한 것은 도에 지나친 것입니다. 아무리 어머니지만 그가 토한 말은 미가와 그의 자손들을 지배하고 있었습니다. 그때 하나님 앞에 나아가 모자 사이에 돈 문제로 이러저러한 상처와 아픔이 있었다는 사실을 고백하고 제사를 드렸다면, 더 이상 그 저주를 두려워할 필요가 없었을 것입니다. 그러나 이들은 말씀대로 하지 않았기 때문에 돈은 돈대로 쓰지 못하고, 진짜 저주받을 신상을 세우고, 농사짓기도 바쁜 판국에 아들 한 명을 제사장으로 정하고, 드라빔에 에봇까지 만들었습니다.

미가가 한 짓이 무엇입니까? 자기 잘못을 인정하기는커녕 신상을 만들고 자식을 제사장으로 세움으로써 오히려 자신의 도둑질을 미화시킨 것입니다. 아마 내막을 모르는 사람들은 미가와 그 어머니가 얼마나 경건한 사람들이면 그 막대한 돈을 들여서 신당까지 지었겠느냐며 감탄했을 것입니다.

사실 사람의 종교성은 죄의식을 감추려는 본능과 깊은 관련이 있습니다. 죄를 많이 지은 사람일수록 종교적인 열심 속에 자신을 감추려 하는 법입니다. 그런 사람은 말씀을 싫어합니다. 말씀은 모든 것을 드러내고 벌거벗기기 때문입니다. 말씀은 철저하게 자신의 죄스러운 삶을 혐오하고 청산하게 합니다. 그러나 사람들은 자신의 삶은 바꾸지 않은 채 죄의식만 살짝 덮고 위로를 받으려고 합니다. 그래서 미가 같은 이단 종교가 생기는 것입니다.

이단 종교의 특징은 생각하지 못하게 하는 것입니다. 아무 생각하지 말고 정성만 다하면 병도 낫고 사업도 잘되고 결혼도 할 수 있다는 것입니다. 그러나 그런 것은 깡패들이나 하는 짓입니다. 깡패 두목은 졸개들이 스스로 생각하는 것을 제일 싫어합니다. 주는 밥이나 먹고 나누어주는 돈이나 챙기고 자기가 시키는 대로만 하기를 바랍니다. 독재자들도 마찬가지입니다. 독재를 심하게 하는 사람일수록 국민들을 아무 생각도 하지 못하게 만듭니다. 무조건 자기가 시키는 대로 하는 사람한테만 상도 주고 훈장도 줍니다.

그러나 참 종교의 특징은 신비주의의 껍질을 벗기는 것이며 잘못된 열심의 환상을 깨뜨리는 것입니다. 하나님은 의로운 분이십니다. 여기에서 의로운 분이시라는 것은 바른 관계에 있게 하시는 분이라는 뜻입니다. 바른 관계가 무엇입니까? 내 것으로 만족하는 것입니다. 남의 사람을 욕심내거나 남의 것에 손대지 않는 것입니다. 율법의 목적은 이 사실을 바로 깨닫고, 잘못된 욕망에 지배받지 않도록 철저히 자신을 지키게 하려는 데 있습니다.

입으로는 하나님을 사랑한다고 하면서 남에게 빌린 돈을 갚지 않거나 하나님의 영광을 위해서라고 하면서 남의 재산을 노리는 사람은, 하나님을 의로운 하나님이 아니라 도둑놈의 하나님으로 만드는 것입니다. 하나님은 종교적인 열심으로 예배드리겠다고 덤비기 전에 다른 사람에게 주어야 할 것부터 먼저 주라고 말씀하십니다. 그리고 혹시 돈을 손해보는 일이 생기더라도 입에서 저주의 말이 터져 나오지 않도록, 지나치게 돈을 사랑하거나 돈에 집착하지 않는 것이야말로 진정으로 그를 섬기는 길이라고 말씀하십니다.

미가의 어머니는 돈에 대한 욕심도 컸고 종교성도 많았습니다. 결국 이 욕심과 종교성에서부터 단 지파를 멸망으로 이끌어 갈 이단이 나왔습니다.

직업주의 제사장의 등장

미가가 어머니의 저주를 풀기 위해 자기 집안에 신상을 만들고 아들을 제사장으로 세우는 데서만 그쳤더라도 죄의 영향력은 많이 줄어들 수 있었을 것입니다. 그런데 그 당시에는 먹고 살 것이 없어서 여기저기 떠돌아다니는 레위인들이 많았습니다. 이것이 문제였습니다. "유다 가족에 속한 유다 베들레헴에 한 소년이 있으니 그는 레위인으로서 거기 우거하였더라. 이 사람이 거할 곳을 찾고자 하여 그 성읍 유다 베들레헴을 떠나서 행하다가 에브라임 산지로 가서 미가의 집에 이르매 미가가 그에게 묻되 '너는 어디서부터 오느뇨?' 그가 이르되 '나는 유다 베들레헴의 레위인으로서 거할 곳을 찾으러 가노라.' 미가가 그에게 이르되 '네가 나와 함께 거하여 나를 위하여 아비와 제사장이 되라. 내가 해마다 은 열과 의복 한 벌과 식물을 주리라' 하므로 레위인이 들어갔더니"(17:7-10).

이 레위인이 어떻게 해서 자기 집인 베들레헴을 떠나 미가의 집까지 오게 되었는지는 잘 모르겠습니다. 아마도 이스라엘 백성들의 신앙이 해이해져서 십일조나 그 밖의 예물들을 잘 바치지 않으니까 먹고 살 길이 없어서 여기저기 떠돌아다니다가 여기까지 오게 된 것이 아닌가 합니다. 하나님은 레위 지파 사람들에게 따로 땅을 주지 않으셨습니다. 하나님께 제사드리는 것이 그들의 주업이었기 때문입니다. 이스라엘 백성들은 십일조와 제물을 바칠 의무가 있었습니다. 레위인들은 그것들을 가지고 살게 되어 있었습니다.

사실 이스라엘 백성들에게 가장 중요한 일은 적을 막는 것보다 하나님을 모시는 것이었고, 하나님을 바로 모시기 위해서는 그 일에만 전적으로 헌신할 제사장과 레위인들이 필요했습니다. 그러나 이스라엘 백성들은 가나안 땅에 살면서 하나님을 모시는 일보다는 먹고 사는 일을 중시하게 되었습니다. 그래서 십일조도 바치지 않았고 제물도 가져가지 않았습니다. 그 대신 산당 같은 데 제멋대로 제물을 바치면서 복을 받으려고 했습니다. 그 결과가 무엇입니까? 제사장직이 해체되고, 레위인들이 먹을 것을 찾아 이리저리 떠돌게 된 것입니다. 이것은 이스라엘 백성들의 신앙 상태를 잘 보여 주는 현상이었습니다.

그렇게 떠돌던 레위인 가운데 하나가 에브라임 산지까지 왔다가 미가를 만나게 되었습니다. 미가는 자기 집에 신당이 있기는 하지만, 그 제사장이 자기 아들이라는 점이 영 불만이었습니다. 그런데 마침 갈 곳이 마땅치 않은 레위인을 만난 것입니다. 그는 이 레위인에게 1년 연봉으로 은 열 개와 옷 한 벌과 식물을 주겠다고 하면서 자기 집 제사장이 되지 않겠느냐고 제안했고, 레위인은 이게 웬 떡이냐 하며 그 자리에서 이 제안을 수락했습니다. "레위인이 그 사람과 함께 거하기를 만족히 여겼으니 이는 그 소년이 미가의 아들 중 하나같이 됨이라. 미가가 레위인을 거룩히 구별하매 소년이 미가의 제사장이 되어 그 집에 거한지라. 이에 미가가 가로되 '레위인이 내 제사장이 되었으니 이제 여호와께서 내게 복 주실 줄을 아노라' 하니라"(17:11-13).

미가는 자기 아들을 제사장으로 세워 놓긴 했지만, 이것이 바른 일은 아니라는 생각을 가지고 있었습니다. 자기 아들은 정통 레위인이 아니었기 때문입니다. 미가는 자기 집에 있는 신당이 좀더 완전한 형식을 갖추기 바랐습니다. 이처럼 미가에게는 제사장이 필요했고 레위인에게는 안정된 직장이 필요했습니다. 이 두 가지 필요가 맞아떨어짐으로써 개인의 집을 위한 고용 제사장이 등장하게 되었습니다. 원래 레위인은 하나님께 고용된 사람이었습니다. 물론 이스라엘 백성들이 바친 십일조로 살긴 했지만 그것은 하나님이 주시는 것이었습니다. 그런데 이제 한 개인에게 고용되어 그에게 월급을 받고 그 가정의 복을 빌어 주는 고용 제사장이 생기게 된 것입니다.

미가는 처음에 그에게 "나를 위하여 아비와 제사장이 되라"고 말했지만, 11절은 그 레위인이 실제로는 "미가의 아들 중 하나같이" 되었다고 말씀합니다. 즉 겉으로는 레위인이 제사장이었지만, 실제로 신당과 그 밖의 모든 것을 쥐고 흔든 사람은 미가였다는 뜻입니다. 이것은 직업주의 제사장이 등장한 최초의 사례였습니다.

하나님의 종은 사람의 도움으로 삽니다. 하나님의 종이라고 해서 하늘에서 양식이 내려오거나 밥을 먹지 않아도 살 수 있는 것은 아닙니다. 그러나 그들은 어디까지나 하나님께 속한 자들입니다. 결코 사람에게 고용되어 그들이 듣고 싶어하는 말을 해 주는 사람이 아닙니다. 미가의 집에 온 레위인이 정직한 사람이었다면 이렇게 일자리를 찾아 돌아다니지 않았을 것입니다. 그는 굶든지 빌어먹든지 보냄받은 그 곳에 있었어야 합니다. 하나님의 사람이 보냄을 받았을 때 사람들이 그를 영접해서 먹을 것을 주면 다행이지만, 만약 주지 않으면 굶는 수밖에 없습니다. 하나님의 보냄을 받은 사람은 사람들이 말씀을 거부할 때 그 자리에서 굶어 죽을 각오를 하는 것이 마땅합니다.

예수님은 제자들을 보내면서 오직 지팡이 하나만 들고 가게 하셨습니다. 이것은 제자들이 들고 가는 말씀의 능력에 모든 것을 걸어야 한다는 뜻이었습니다. 그들이 죽느냐 사느냐는 오직 말씀의 능력에 달려 있었습니다. 사람들이 그 말씀을 듣고 변화되면 먹을 것을 줄 것입니다. 그러나 말씀을 거부하면 굶는 것은 물론이고 심한 경우에는 희생될 각오까지 해야 합니다.

그러나 이 레위인은 오직 먹고 살 길을 찾아서 여기저기 방황하다가, 결국 자신이 만든 이단 종교를 좀더 정통신학처럼 만들고 싶어하는 미가의 손에 걸려들고 말았습니다. 그는 약간의 돈을 대가로 이단 종교를 그럴듯한 하나님 종교로 꾸미는 데 일조했고, 이것은 급속도로 단 지파에 흡수되어 그들을 변질시키는 결과를 낳았습니다.

예수님은 거짓 선지자들에 대해 "양의 옷을 입고 너희에게 나아오나 속에는 노략질하는 이리라"(마 7:15)고 말씀하셨습니다. 이리라고 해서 전부 거짓 선지자의 모습을 하고 있는 것이 아닙니다. 오히려 겉에는 정통신학의 껍질을 뒤집어쓰고 있을 수 있습니다. 그러나 그 속에는 자기 욕심 때문에 사람의 영혼을 도둑질하려는 이리가 들어 있습니다.

세상에서 가장 무서운 것이 영혼을 도둑질 당하는 것입니다. 영혼을 도둑질 당하면 다른 사람들과 정상적인 대화를 할 수 없게 됩니다. 건전한 분별력은 사라지고 시키는 대로 지껄이는 앵무새처럼 주어진 교리만 반복합니다. 거짓 선지자들은 어떻게 해서든지 사람을 낚아서 이와 같은 자기의 종으로 만들려 합니다.

얼마 전에 어떤 분이 〈참으로 해방된 평신도〉라는 책을 썼는데, 그 책은 목회가 직업주의에 빠지고 있는 현상을 비판하고 있습니다. 저자는 목회자가 교회에서 월급을 받으면 직업주의에 빠지게 된다고 지적하면서, 자신은 목수 일로 수입을 얻었고 그 일을 통해 평신도들의 고충을 많이 이해하게 되었다고 썼습니다.

사실 목회자는 수입에 따라 이곳저곳 옮겨 다녀서는 안 됩니다. 요즘 많은 교회가 목회자를 고용인 취급 하고 있는 것은 대단히 유감스러운 일입니다. '우리가 월급 주는데 왜 우리가 원하는 대로 하지 않느냐' 는 식입니다. 그러나 목회자는 하나님의 말씀을 전하기 위해 거기에 있는 것입니다. 복음을 전하는 자가 복음으로 사는 것은 주님이 정하신 원리입니다. 그것은 부끄러운 일도, 잘못된 일도 아닙니다. 오히려 아주 중요한 일입니다. 복음을 전하는 사람은 복음에 자기의 모든 삶을 걸어야 합니다. 다른 일을 하다가 금방 달려와 손 씻고 준비하기에 말씀은 너무나 영광스럽고 엄청난 것입니다. 한번 설교를 하려면 설교를 준비하는 시간보다 그 전에 마음을 준비하는 시간이 더 많이 필요합니다. 마음속에 미움이나 욕심이나 갈등이 있으면 하나님이 말씀하시지 않기 때문입니다. 설교자는 말씀 앞에 오래오래 무릎을 꿇고 기다리면서 문을 두드려야 합니다. 그렇게 하려면 직업을 가질 수가 없습니다.

미가 집에 있던 레위인은 일시적으로는 안정된 생활을 했을 것입니다. 그러나 자신이 얼마나 많은 사람들을 지옥 가게 하는 일에 사용되고 있는지는 전혀 몰랐습니다. 하나님의 사람에게 수입은 이차적인 것입니다. 그는 무엇보다 사람들을 하나님 앞에 거룩하게 준비시키는 데 모든 삶을 드려야 합니다. 많은 시간 그들의 죄와 싸워야 하며, 그러기 위해 때로는 그들이 주는 도움도 거부할 수 있어야 합니다. 밥 사 준다고 해서 아무나 따라가서 밥 먹으면 안 돼요. 그렇게 얻어먹고 나면 나중에 바른 소리를 하지 못합니다.

만약 이 레위인이 "나는 이 연봉으로 살지 않겠다. 십일조로 살겠다. 나는 율법대로 하겠다"고 하면서 미가의 신당을 부수었다면, 에브라임에는 부흥의 역사가 나타났을 것입니다. 그러나 그는 자신이 여기에서 얼마나 중요한 역할을 감당할 수 있는지는 생각지도 않고 오로지 먹고 사는 일만 생각했기 때문에, 결국 미가의 집과 단 지파 전체를 멸망시키는 결과를 낳고 말았습니다. 우리는 우리가 생각하는 것보다 훨씬 더 중요한 사람들입니다. 그럼에도 불구하고 먹고 사는 문제만 생각할 때 부흥의 역사를 일으키지 못할 뿐 아니라 오히려 사람들을 멸망시키는 도구가 될 수 있습니다.

단 지파를 망하게 만든 것이 무엇입니까? 이스라엘 열두 지파 중에 한 지파를 완전히 사라지게 만든 것이 무엇입니까? 미가가 가진 종교성과 레위인이 가진 직업주의의 결탁입니다. 그들은 서로가 필요했기 때문에 떨어질래야 떨어질 수가 없었고, 결국 이 악이 이스라엘의 한 지파를 영원히 썩게 만들었습니다. 요즘도 목사와 장로가 죽이 맞으면 누가 뭐라고 해도 바꾸기가 어렵습니다. 그것은 일종의 악입니다. 목회자가 우민정책으로 성도들에게는 형편없는 말씀만 먹이면서 자기 자리를 지키려고 할 때, 하나님의 교회는 병들지 않을 수 없습니다.

사사 시대 때 부흥의 역사를 일으켰던 사람들은 평신도들이었습니다. 그런데 종교 지도자였던 레위인은 오히려 직업주의에 빠져 미가의 연봉에 만족함으로써 지파 하나를 완전히 부패시켜 버렸습니다. 이 상반된 모습은 오늘 우리 현실의 모습이기도 합니다.

악은 사람들이 스스로 일어서지 못하도록 사슬로 잡아맵니다. 이 사슬을 깨뜨리려면 엄청난 힘이 필요합니다. 그래서 사사기 저자는 이렇게 말씀합니다. "그때에는 이스라엘에 왕이 없으므로 사람마다 자기 소견에 옳은 대로 행하였더라"(17:6).

이것은 사사기에 나오는 유명한 표현입니다. 이스라엘에는 왕이 필요했습니다. 어떤 왕이 필요했습니까? 기드온 때 이스라엘 백성들이 요구했던 것과 같은 군사적인 왕이 아니라, 이스라엘 안에 있는 부패한 종교를 뿌리 뽑을 수 있는 왕이 필요했습니다. 이스라엘이 열두 지파로 분산되어 있었던 것은 한꺼번에 부패하지 않는다는 점에서 유익한 일이었습니다. 그러나 다른 한편으로는 이런 이단이나 악의 요소가 생겼을 때 온 이스라엘을 하나로 모아 그 악의 뿌리를 뽑을 수 있는 하나의 지도력이 필요했습니다. 제도나 정치가 필요한 이유가 무엇입니까? 사람 속에 있는 죄성 때문입니다. 결국 왕이 할 일은 교회가 바로 성장해 나갈 수 있도록 이런 악을 뿌리 뽑는 것입니다. 악이나 이단의 정체는 개개인이 알아내서 뿌리 뽑기에는 너무나 교묘하고 강력합니다. 그 일을 해내려면 왕이 필요합니다.

사람은 말씀만으로 모든 것을 스스로 해낼 수 없습니다. 누군가의 리더십이나 지도력의 도움을 받을 때, 비로소 각자의 힘을 응집시켜서 바른 방향으로 나아갈 수 있는 것입니다. 지도력이 잘못되면 그만큼 힘을 소모하게 되고 쓸데없는 일에 매일 수밖에 없습니다. 바른 일을 위해 힘을 합하려면 올바른 지도력이 있어야 합니다.

살다 보면 부부 간이나 부모 자식 간에 온갖 더러운 말들을 내뱉게 되기 쉽습니다. 이런 말들을 내뱉었을 때 어떻게 수습할 수 있습니까? 하나님 앞에 나아가야 합니다. 마치 아무 일도 없었던 것처럼 교회에 와서 사이 좋은 척하면 안 돼요. 정직하게 "내가 악한 말로 아내를 죽였습니다", "내가 더러운 말로 자식에게 상처를 주었습니다"라고 하나님께 눈물로 고백하며 신음할 때, 비로소 저주의 말을 주워담을 수 있습니다. 그래서 우리에게 예배가 필요한 것입니다. 자기 속으로만 정리하고 말아 버리면 결국에는 미신으로 나아가게 되어 있습니다.

부모가 자기 욕심대로 죄를 짓는 것은 자녀를 완전히 지옥 자식으로 만드는 길입니다. 자녀가 그런 부모의 죄를 답습하지 않으려면 아무리 부모라도 죄는 죄로서 지적하고 비판해야 합니다. 그렇게 하지 않고 불쌍히 여기며 덮어 두면 자신도 커서 똑같은 짓을 되풀이하게 됩니다. 죄의 흐름을 끊기 위해서는 내 안에서 진정한 반성의 역사가 일어나야 합니다.

평신도들은 성령의 능력으로 부흥의 역사를 이루었습니다. 그러나 레위인은 먹고 사는 문제에 빠져서 한 지파를 멸망시켜 버렸습니다. 목회자가 편안하고 안정된 생활을 위해 직업주의로 빠지는 것은 성령의 역사를 막는 일입니다. 우리는 우리 자신이 생각하는 것보다 훨씬 중요한 사람들입니다. 그것을 모르고 먹고 사는 문제에 매여 있기 때문에 진짜 하나님이 일으키시고자 하는 구원의 역사를 일으키지 못한 채 한평생 사람에게 매여 종노릇하는 것입니다.

말씀에는 모든 우상을 깨뜨리는 힘이 있습니다. 우리가 모든 것을 바로 보고 스스로 일어나 결단하며 책임질 때, 부흥의 역사는 일어날 것입니다.

2
단 지파의 선택

……이에 다섯 사람이 떠나 라이스에 이르러 거기 있는 백성을 본즉 염려 없이 거하여 시돈 사람같이 한가하고 평안하니……

사사기 18:1-10

만일 우리가 부모님으로부터 1억 원의 유산을 받게 된다면 어떻게 사용하겠습니까? 아마 위험을 싫어하는 사람은 그 돈을 은행에 넣어 두고 이자를 받는 데 만족할 것입니다. 반대로 모험을 좋아하는 사람은 그 돈을 투기에 사용할 것입니다. 물론 경험이 없는 사람이 투기를 해서 성공할 가능성은 거의 없습니다. 여하튼 사람들은 각자 자기 방식대로 1억 원의 유산을 사용하고자 할 것입니다.

제가 알고 있는 어떤 사람은 부모가 남긴 유산을 공부에 투자했습니다. 그 돈으로 대학원을 마치고 미국으로 유학 가서 박사 학위를 받아 온 것입니다. 그는 지금 어느 대학에서 강의를 하고 있는 것으로 알고 있습니다. 이 사람은 유산을 잘 사용한 경우입니다. 쉽게 돈 버는 일에 유산을 쓰는 사람은 처음에 받은 돈까지 잃을 가능성이 큽니다. 반면에 어려운 일에 유산을 쓰는 사람은 오랫동안 그 효과를 누릴 수 있을 것입니다.

어려운 장애가 닥쳤을 때, 우직하게 그 장애에 맞서서 끝까지 돌파하려고 하는 사람이 있는가 하면, 그 장애를 우회해서 쉬운 목표를 찾아가는 사람도 있습니다. 제가 대학에 갈 당시에는 계열별로 입학생을 뽑은 다음, 1학년 성적을 기준으로 2학년 때 과를 배정했습니다. 그런데 제가 속했던 계열의 학생들은 대부분 공대 공부에 필요한 물리학이나 화학을 선택했기 때문에 성적이 별로 좋지 않았습니다. 눈치 빠른 학생들은 공대 공부와 상관없는 생물이나 지구과학 같은 과목을 선택해서 좋은 성적을 받아, 자기가 원하는 과에 들어갈 수 있었습니다. 그러나 공부를 열심히 하지 않은 학생들과 우직하게 어려운 과목을 선택했던 학생들은 자신들이 원하는 과에 들어가지 못하고 다른 과에서 3년 내내 공부해야 했습니다.

이스라엘 백성들이 가나안 땅에 들어가서 영토를 배정받았을 때 가장 불행했던 지파는 단 지파였습니다. 그들은 남쪽 평지를 배정받았는데, 너무 강한 적이 버티고 있는 바람에 상당한 시간이 지나도록 그 땅을 차지하지 못했습니다. 결국 그들이 생각해 낸 대책이 무엇입니까? 하나님께 배정받은 땅을 포기하고 그보다 쉬운 새 목표를 찾기로 한 것입니다.

오늘 우리가 말씀을 통해 찾고자 하는 것은 이런 목표의 변경이 단 지파에게 가져온 결과가 무엇이며, 그 일이 오늘 우리에게 주는 교훈은 무엇이냐 하는 것입니다.

땅을 차지하지 못한 단 지파 사람들

단 지파 사람들은 가나안 땅에 들어온 후 상당한 시간이 지나기까지 땅을 차지하지 못해서 어려움을 겪고 있었습니다. "그때에 이스라엘에 왕이 없었고 단 지파는 이때에 거할 기업의 땅을 구하는 중이었으니 이는 그들이 이스라엘 지파 중에서 이때까지 기업의 땅 분배함을 얻지 못하였음이라"(18:1).

이스라엘 백성들은 가나안 땅에 처음 들어왔을 때 적부터 몰아내고 땅을 제비 뽑은 것이 아니라, 제비부터 뽑은 다음 각자 자기가 뽑은 땅의 적들을 몰아내고 그 땅을 차지하게 되어 있었습니다. 그래서 초창기에는 다른 지파들도 자기들의 땅을 제대로 차지하지 못했습니다. 그러나 세월이 지나 점점 강성해지면서 가나안 족속을 완전히 쫓아내지는 못했어도 주인 행세는 제법 할 수 있게 되었습니다.

그러나 유독 단 지파만큼은 상당한 시간이 지나도록 땅을 차지하지 못했습니다. 왜냐하면 그들에게 배정된 땅에는 너무나도 강한 적 블레셋이 버티고 있었기 때문입니다. 철병거를 가지고 있었던 그들은 단 지파 사람들이 아예 평지에는 발도 들여놓지 못하게 만들었습니다. 그 결과 단 지파 사람들은 수백 년 동안 산꼭대기에서 살거나 다른 지파 땅에 세들어 살아야 하는 처지가 되고 말았습니다.

결국 단 지파 사람들이 생각해 낸 것이 무엇입니까? "단 자손이 소라와 에스다올에서부터 자기 온 가족 중 용맹 있는 다섯 사람을 보내어 땅을 탐지하고 살피게 하며 그들에게 이르되 '너희는 가서 땅을 살펴보라' 하매 그들이 에브라임 산지에 가서 미가의 집에 이르러 거기서 유숙하니라"(18:2).

이들은 도저히 블레셋 사람들을 이길 수 없다는 판단이 들자, 하나님께 배정받은 땅을 포기하고 새로운 땅을 찾기로 결심했습니다. 그래서 용맹 있는 사람 다섯 명을 보내서 새로운 땅을 찾아보게 했습니다. 이처럼 하나님이 주신 땅을 포기하고 새로운 목표를 찾은 것은 과연 잘한 일일까요?

세상적으로 보면 이것은 아주 지혜로운 선택이라고 할 수 있습니다. 아무리 오래 버틴다 해도 승산이 보이지 않는 일을 붙들고 씨름하느니, 차라리 새로운 터전에서 다시 시작하는 편이 훨씬 더 능률적일 수 있기 때문입니다. 사실 요즘같이 부도가 많이 나는 때 회사를 운영하는 사람의 입장에서는 손해가 더 커지기 전에 손을 털 것인가, 아니면 인내심을 가지고 끝까지 씨름해 볼 것인가 쉽게 판단이 서지 않을 것입니다. 그래서 일찌감치 포기해야 할 기업을 너무 오랫동안 붙들고 있는 바람에 부채가 산더미같이 늘어나서 최악의 상황에 빠지는 이들도 있습니다. 사업뿐만이 아닙니다. 10년이 다 되어 가도록 고시를 포기하지 못해서 자신은 자신대로 폐인이 되고 가족들은 가족들대로 고생시키는 사람들도 있습니다. 이런 경우에는 좀더 일찍 포기하고 직장을 찾는 편이 현명할 것입니다.

그러나 단 지파가 자신들의 땅을 포기한 것은 적절한 선택이 아니었습니다. 왜냐하면 그 땅은 하나님이 그들에게 주신 영원한 기업이었기 때문입니다. 하나님이 블레셋처럼 어려운 상대를 주셨다면, 그들을 이길 방법 또한 주실 것입니다. 그러나 단 지파 사람들은 지레 겁을 먹고 아예 싸울 생각조차 하지 않았습니다. 그들은 누군가 자신들을 대신해서 그 땅을 빼앗아 주기를 바랐습니다. 그러나 아무리 기다려도 땅을 빼앗아 주는 사람이 없으니까, 쉽게 그 땅을 포기하고 새 땅을 찾아나선 것입니다.

이 세상에는 두 종류의 삶이 있습니다. 하나는 세상적인 삶이고 다른 하나는 신앙적인 삶입니다. 세상적인 삶에 관한 한 우리는 절대적으로 집착할 필요가 없습니다. 예를 들어 어떤 회사에 취직하려고 했다가 안 되면 다른 회사에 취직하면 됩니다. 또 어떤 대학에 들어가려고 했다가 안 되면 다른 대학으로 가면 됩니다. '꼭 이 회사여야 한다'거나 '꼭 이 학교여야 한다'고 고집할 필요가 없습니다. 전에 제가 만난 학생은 지방대학 의대를 다니고 있었습니다. 사실 그 대학도 국립대학으로서 좋은 학교였습니다. 그런데 그 학생은 재수를 해서라도 서울에 있는 더 좋은 의대로 진학하고 싶다고 했습니다. 그래서 저는 그것도 나쁜 일은 아니지만, 그래도 너무 절대적으로 꼭 그 대학을 가야 한다고 생각하지는 말라고 조언해 주었습니다.

청소년 때 이성 교제를 하면 자기 평생에 오직 그 한 사람밖에 사랑할 수 없을 것 같습니다. 앞으로 아무리 오래 산다고 해도 그 긴 머리 소녀만큼 착하고 예쁜 여자는 못 만날 것 같아요. 그러나 실제로는 그렇지 않습니다. 그 소녀 말고도 좋은 여자들이 얼마든지 많이 있습니다. 그런데도 청소년 시절에는 오직 한 사람만 절대적으로 보입니다. 그런 미숙한 이성 교제는 오히려 서로의 성숙을 방해하고 깊은 상처를 안겨 주기 쉽습니다.

세상적인 삶의 영역에서 너무 높은 목표, 실현 가능성이 없는 목표를 놓고 씨름하고 있는 사람이 있을 때에는 누군가 그의 목표를 다시 조정해 줄 필요가 있습니다. 교사나 부모님의 역할 중에 하나가 바로 이것입니다. 학생이나 자녀가 지나치게 비현실적인 목표를 세워 놓고 고민하고 있을 때, 목표를 새로이 조정해 주고 그 목표를 실현할 수 있는 구체적인 방법을 제시해 줌으로써 시간을 낭비하지 않고 자신 있게 살아 나갈 수 있도록 도와주어야 합니다.

그러나 신앙적인 삶에서는 그렇지 않습니다. 신앙적인 삶에서 중요한 것들은 전부 얻기 어렵습니다. 쉽게 얻을 수 있는 것이 하나도 없습니다. 그러나 그런 목표들은 아무리 시간이 오래 걸리고 열매가 나타나지 않는다 해도 절대로 포기해서는 안 됩니다.

단 지파 사람들은 자신들이 가장 강한 적을 만났기 때문에 빨리 정착하지 못한 채 불행한 삶을 살고 있다고 생각했습니다. 그러나 실제로 그들은 영광스러운 사람들이었습니다. 하나님이 어느 누구에게도 맡기시지 않은 가장 중요한 일을 그들에게 맡기셨기 때문입니다. 사실 다른 지파들을 다 합한다 해도 블레셋을 당할 수는 없었습니다. 그렇게 강한 적 블레셋을 단 지파가 몰아내고 그 자리에 온전한 하나님의 나라를 세웠더라면 얼마나 강한 나라가 될 수 있었겠습니까? 더욱이 하나님은 이들을 위해 비장의 무기를 준비하고 계셨습니다. 그 무기가 무엇이었습니까? 바로 삼손이었습니다.

그러나 단 지파 사람들은 처음부터 머리로 계산을 했습니다. '블레셋은 강하고 우리는 약하다. 그러므로 블레셋과 싸운다 한들 이길 승산이 없다. 그러니 누군가 다른 사람들이 우리를 대신해서 싸워 주기를 기다리자.' 그러다가 아무도 자신들을 대신해서 블레셋과 싸워 주지 않으니까 하나님이 주신 땅을 포기하고 새로운 목표를 찾아 북쪽으로 이동한 것입니다.

제가 처음에 청소년 캠프를 할 때 상황이 굉장히 어려웠습니다. 그래서 청소년들에게 "캠프는 계속될 것"이라고 약속했음에도 불구하고 그만 포기하려고 했습니다. 그런데 그때 찾아간 선교사님이 하는 말이, 하나님 앞에 중요한 일 중에서 쉬운 일은 하나도 없다는 것입니다. 그는 자기가 어떻게 캠프를 통해 주님을 만나게 되었으며 자기 아내가 어떻게 캠프에서 성장했는지에 대해 이야기하면서, 중요한 일 중에 저절로 이루어지는 일은 아무것도 없다고 말했습니다.

종교개혁이 일어났을 때 하나님의 말씀을 붙든 사람들은 모두 편안하게 살 수 있었던 사람들이었습니다. 그러나 그들은 말씀의 자유를 빼앗기지 않기 위해 목숨을 내놓았습니다. 루터는 그래도 운이 좋은 편에 속합니다. 루터 이전에 종교개혁적인 생각을 가졌던 사람들은 모두 이단으로 몰려서 화형을 당했습니다. 그들은 다른 목표를 찾을 수도 있었습니다. 입만 다물고 있었다면 얼마든지 행복한 삶을 살 수도 있었어요. 그러나 그들은 진리를 밝히는 이 엄청난 목표를 포기하지 않고 힘든 싸움을 싸운 결과, 복음의 아침을 조금씩 조금씩 앞당기는 데 공헌하게 되었습니다.

우리에게 가장 중요한 싸움이 무엇입니까? 그것은 복음을 복음 되게 하고 말씀을 말씀 되게 하는 것입니다. 돈 버는 일에 목숨을 거는 사람은 어리석은 사람입니다. 공부나 고시에 목숨 거는 사람은 바보예요. 우리에게 가장 중요한 싸움은 말씀이 제한되거나 방해받지 않고 우리의 삶 가운데 충분히 선포되게 하는 것이며, 비록 우리가 온전히 순종하지 못해서 수없이 넘어지고 또 넘어진다 해도 말씀이 계속해서 우리의 삶 구석구석을 비추게 하는 것입니다. 이보다 더 중요한 싸움이 없습니다. 다른 것들은 다 손해볼 수도 있고 포기할 수도 있습니다. 그러나 마음껏 말씀을 듣고 그 말씀을 말할 수 있는 이 자유만큼은 결코 포기할 수 없습니다.

단 지파 사람들은 가장 중요한 선택의 기로 앞에 서 있었습니다. 그것은 블레셋과 싸워서 약속의 땅을 빼앗느냐, 아니면 이 땅을 포기하고 더 쉬운 땅을 찾아가느냐 하는 것이었습니다. 그들은 쉬운 땅을 찾아가기로 결정했습니다. 블레셋과 싸워 볼 생각도 하지 않고 싸움을 포기해 버렸습니다. 반면에 삼손은 어떻게 했습니까? 일단 블레셋과 부딪쳐 보았습니다. 그는 호랑이를 잡기 위해 호랑이굴로 들어간다는 식으로 블레셋 여자와 결혼했고, 결국 나귀 턱뼈로 1,000명을 때려 죽이는 엄청난 역사를 이루었습니다. 이처럼 일단 부딪쳐 보면 길이 열리게 되어 있습니다. 하나님은 힘든 싸움을 할 때 귀한 축복을 주십니다.

오늘날 많은 사람들이 말씀에 갈급해하고 있습니다. 그런데 문제는, 자기 자신은 가만히 앉아 있으면서 누가 공짜로 말씀을 떠먹여 주기만을 기다린다는 것입니다. 자기는 아무것도 포기할 생각이 없습니다. 교회 안에서의 지위나 교제권을 포기할 생각이 전혀 없어요. 자기는 하고 싶은 대로 다 하면서, 누릴 것 다 누리면서 누군가 대신 복음을 지켜 주고 교회를 세워 주고 복음을 떠먹여 주기를 바랍니다. 그러나 그런 일은 절대로 일어나지 않습니다.

하나님의 나라는 구하는 자가 차지하게 되어 있습니다. 사슴이 시냇물을 찾아 헤매듯이 말씀을 찾아 이리 뛰고 저리 뛸 때, 자신의 모든 것을 포기해 가면서까지 말씀을 붙들려고 할 때, 비로소 딱 한 방울이 떨어지는 것입니다. 그 한 방울은 한 방울로 그치지 않고 조금씩 커집니다. 그래서 나중에는 자기 자신의 목만 적시는 것이 아니라 다른 사람들까지 살리는 샘이 됩니다. 마치 갈렙이 기꺼이 싸움에 나선 옷니엘에게 윗샘과 아랫샘을 준 것처럼, 하나님은 말씀을 위해 모든 것을 희생하고 싸우는 자에게 생명의 샘을 주십니다.

목회를 하다 보면 교인들뿐 아니라 목회자들도 빨리 성공하는 길을 택하는 모습을 보게 됩니다. 그러나 그것은 진정한 샘물이 아닙니다. 다른 곳에서 떠온 물에 불과할 뿐입니다. 우리는 지금까지 말씀의 샘을 찾아 왔습니다. 어렵게 어렵게 오늘 이 순간까지 왔습니다. 그러나 우리는 오늘 이 자리에서 다시 한 번 선택을 해야겠습니다. 다시 한 번 쉽게 사는 길을 포기해야겠습니다. 세상에서 무엇을 움켜쥐기 위해서가 아닙니다. 다시 한 번 말씀이 풍성하게 우리 삶 가운데 나타나게 하기 위해, 더 놀라운 말씀이 우리에게 열리게 하기 위해서입니다.

고용 제사장과의 만남

단 지파 사람들은 마치 처음으로 가나안 땅을 정복하기라도 하는 것처럼 용감한 사람 다섯 명을 선출해서 가나안 땅 전체를 정탐하게 했습니다. 그들은 계속 북쪽을 정탐하다가 에브라임 땅 미가의 집에 이르게 되었습니다. "그들이 미가의 집에 가까이 올 때에 레위

소년의 음성을 알아듣고 그리로 돌이켜 가서 그에게 이르되 '누가 너를 이리로 인도하였으며 네가 여기서 무엇을 하며 여기서 무엇을 얻었느냐?' 그가 그들에게 이르되 '미가가 여차여차히 나를 대접하여 나를 고빙하여 나로 자기 제사장을 삼았느니라'"(18:3-4).

아마도 미가는 자신의 신당을 소중히 여겨서 남에게 노출되지 않도록 은폐시켰던 것 같습니다. 그래서 단 지파의 정탐꾼들은 미가의 집에 신당이 있다는 것을 알지 못했습니다. 그런데 그 사실을 알아채게 만든 것은 레위인의 억양이었습니다. 그는 별 생각 없이 남쪽 지역의 억양으로 말을 했는데, 그것은 단 지파 사람들의 억양과 같은 것이었습니다. 북쪽에 사는 사람이 남쪽 억양을 쓰는 것을 이상히 여긴 정탐꾼들은 그가 어떻게 여기까지 오게 되었는지 물었습니다. 그리하여 그가 레위인으로서 미가의 개인 제사장 노릇을 하고 있다는 엄청난 사실을 알게 되었습니다. 4절에서 레위인은 "나를 고빙하여 나로 자기 제사장을 삼았느니라"고 말함으로써 자신이 미가에게 고용되었다는 사실을 밝히고 있습니다.

여기에서 레위인을 만난 것은 어디로 가야 할지 몰라 고심하고 있던 단 지파 사람들에게 여간 큰 기쁨이 아니었습니다. 그들은 이것이야말로 하나님이 자신들을 도우시며 자신들의 길을 인도하시는 손길이 틀림없다고 생각했습니다. 그래서 레위인에게 자신들에 대한 하나님의 뜻을 물었습니다. "그들이 그에게 이르되 '청컨대 우리를 위하여 하나님께 물어보아서 우리의 행하는 길이 형통할는지 우리에게 알게 하라'"(18:5). 그러자 제사장은 이렇게 대답했습니다. "그 제사장이 그들에게 이르되 '평안히 가라. 너희의 행하는 길은 여호와 앞에 있느니라'"(18:6).

단 지파 사람들이 알았어야 할 것이 무엇입니까? 고용된 제사장들은 마치 고장난 녹음기처럼 항상 똑같은 말만 한다는 것입니다. "하나님은 여러분을 축복해 주실 것입니다. 하나님은 여러분에게 은혜를 주실 것입니다. 하나님은 여러분을 축복해 주실 것입니다. 하나님은 여러분에게 은혜를……." 고용주의 마음을 상하게 하면 당장 목이 날아가기 때문에, 언제 어디서 무엇을 했든지 간에 항상 잘했다고 할 수밖에 없고 항상 잘된다고 할 수밖에 없습니다. 고용 제사장은 어떤 경우에도 잘못했다고 책망하는 법이 없습니다.

우리는 "무릇 있는 자는 받아 풍족하게 되고 없는 자는 그 있는 것까지 빼앗기리라"(마 25:29)는 말씀을 깊이 생각할 필요가 있습니다. 만일 단 지파 사람들이 하나님의 말씀에 순종하기 위해 블레셋 지방을 조사하러 갔더라면 진짜 하나님의 말씀을 전해 주는 사람을 만났을 것이고 진정한 도움의 손길을 만났을 것입니다. 여호수아 때 하나님의 뜻에 따라 여리고를 정탐하러 간 두 사람은 생각지도 못했던 기생 라합의 도움을 받았습니다. 라합은 정탐꾼들을 도와주었을 뿐 아니라 정확한 정보와 도주로까지 알려 주었습니다. 블레셋에 기생들이 얼마나 많습니까? 만약 이 다섯 명이 "블레셋은 하나님이 주신 땅이다!" 하면서 믿음으로 블레셋을 정탐하러 갔더라면 그 많은 기생들이 기생조합을 만들어서 도와주었을지 누가 압니까? 그러나 약속의 땅을 포기하고 엉뚱한 곳을 기웃거렸을 때 그들을 기다리고 있던 것은 사악한 삯군 목자였습니다.

그래서 첫걸음이 중요합니다. 하나님의 말씀에 순종하겠다는 마음으로 첫걸음을 옮기면 예상치 못했던 도움의 손길이 나타납니다. 어디로 가야 할지 몰라 끝없이 방황하고 있을 때 누군가 나타나 가장 빠른 직선코스를 알려 줍니다. 그러나 불순종하려고 첫걸음을 옮기면 누가 나타납니까? 거짓 선지자가 나타납니다. 고장난 녹음기가 나타납니다.

그래서 믿음으로 살려고 하는 사람은 계속 믿음으로 살게 되어 있고, 믿음을 버리고 세상으로 나서는 사람은 마치 미끄럼틀을 타고 내려가듯이 한없이 세상으로 내려가게 되어 있습니다. 요나가 하나님의 말씀에 불순종해서 니느웨로 가지 않고 다시스로 가려고 했을 때 그를 기다리고 있던 것이 무엇이었습니까? 다시스로 가는 배였습니다. '맞아, 역시 다시스로 가는 게 주님의 뜻이야!' 주님의 뜻이 아닙니다. 그 배는 요나를 망하게 만드는 배였습니다. 죽음의 사자가 그를 기다리고 있었습니다.

하나님의 뜻에 불순종하고 있는데 모든 것이 너무 잘 맞아떨어진다면 조심해야 합니다. 그것은 나를 망하게 하기 위해 준비된 것이기 때문입니다. 예를 들어 "하나님, 제 배우자는 최소한 175센티미터 이상이어야 합니다. 대학은 ○○대학교를 나와야 하고, 직장은 이러저러한 수준은 되어야 합니다" 하고 욕심으로 기도했는데 그 조건에 딱 맞아떨어지는 사람이 나타났다면, 하나님이 나를 버리고 계시는 줄 알고 두려워하십시오.

　오늘날 사람들이 원하는 것이 무엇입니까? 자신이 이미 세운 뜻을 하나님이 승인해 주시고 격려해 주시는 것입니다. 하나님이 주인이 아니라 내가 주인인 상태에서 약간만 도와주시는 것입니다. 이럴 때 고용 제사장이 필요합니다. 고용 제사장의 사전에는 '노'(No)라는 말이 없습니다. 사전을 펴면 첫 장부터 마지막 장까지 '예스'(Yes)만 계속되다가 '오케이, 생큐'(OK, thank you)로 끝납니다.

　만약 이 제사장이 정직한 제사장이었다면 "당신들이 약속의 땅을 포기하고 다른 땅을 찾는 것은 하나님의 뜻이 아닙니다. 하나님은 절대 당신들과 함께하시지 않을 것입니다. 설사 당신들이 그 땅을 차지한다 해도 결국은 망하고 말 것입니다"라고 말했을 것입니다. 제사장의 사명은 무조건 격려하고 축복하는 것이 아닙니다. 물론 하나님의 말씀대로 살기 위해 첫걸음을 옮길 때에는 격려해야 합니다. 제사장은 그 길에 참된 복이 있으며 그 길로 계속 나아가면 생각지도 못한 역사가 일어난다는 것을 일깨우고, 낙심하거나 자포자기하지 않도록 힘을 북돋워 주어야 합니다. 반면에 하나님의 말씀을 거스를 때에는 당장 잘되는 것처럼 보여도 실제로는 하나님이 그들을 버리고 계시다는 점을 분명히 지적해야 합니다.

　오늘날 사람들은 '예스' 제사장을 찾습니다. 내가 무슨 짓을 해도 위로해 주고 격려해 주는 고용 제사장을 찾습니다. 조금이라도 '노'라고 하면 욕을 하면서 돌아섭니다. 그러나 그것은 망하는 지름길입니다.

라이스 땅을 발견하다

미가의 집을 떠난 단 지파 다섯 사람은 마침내 기가 막힌 땅을 하나 발견했습니다. 그곳은 바로 라이스였습니다. "이에 다섯 사람이 떠나 라이스에 이르러 거기 있는 백성을 본즉 염려 없이 거하여 시돈 사람같이 한가하고 평안하니 그 땅에는 권세 잡은 자가 없어서 무슨 일에든지 괴롭게 함이 없고 시돈 사람과 상거가 멀며 아무 사람과도 상종하지 아니함이라"(18:7).

라이스는 마치 무릉도원 같았습니다. 그 당시에 가장 평안한 도성은 시돈이었던 것으로 보입니다. 시돈은 바닷가에 있는 항구 도시로서 난공불락의 요새였습니다. 그런데 내륙 지방에 시돈만큼이나 평안한 곳이 있었던 것입니다. 어떻게 이런 곳이 존재할 수 있었을까요?

저는 드보라 덕분이었을 것이라고 생각합니다. 북쪽 가나안 땅은 결코 평안한 곳이 아니었습니다. 그곳에는 무시무시한 하솔 왕 야빈이 있었습니다. 그런데 여호수아가 일차적으로 야빈을 물리친 후 드보라가 다시 한 번 야빈을 물리쳤습니다. 물론 이 두 사람은 동일

인물이 아닙니다. 드보라 때의 야빈은 옛날 야빈의 이름을 도용했던 것 같습니다. 그런데 드보라가 시스라의 철병거 900승을 격퇴하여 야빈의 세력을 몰아내면서, 이스라엘에도 속하지 않고 다른 나라의 직접적인 지배도 받지 않는 일종의 권력 공백지역이 생긴 것으로 보입니다. 라이스는 바로 그런 지역이었을 것입니다.

그러니까 라이스는 이방 족속으로서 이스라엘 백성들의 덕을 보고 있는 사람들이었습니다. 마치 강대국이 몰락하면 소수 민족들이 독립하는 것과 같습니다. 구소련이 몰락하고 난 후 수많은 소국가들이 독립을 해서 그 나름대로 평안하게 살고 있는 것처럼, 하솔 왕 야빈이 무너졌을 때에도 구석구석에서 자기 땅을 되찾은 민족들이 있었을 것입니다.

그렇다면 이 신생 소국가는 이스라엘 백성들이 정복해야 할 나라입니까, 아니면 자기들 나름대로 살아가도록 내버려 두어야 할 나라입니까? 하나님이 처음에 가나안 땅에서 이스라엘의 영토를 정해 주셨을 때, 그 범위 내에서는 어떤 다른 민족도 나라를 세울 수 없는 것이 원칙이었습니다. 그들이 살아 남으려면 이스라엘에 복종해야만 했습니다. 그러니까 라이스가 하솔이 무너진 틈을 타서 자신들의 나라를 세웠다 해도, 그것은 하나님 앞에 인정받을 수 없는 나라였습니다. 그러나 라이스가 야빈의 지배를 받다가 그가 망한 틈을 타서 독립한 나라라면, 그 나라 역시 하솔의 피해자였다고 볼 수 있습니다. 그러므로 그들을 정복해야 할지 말아야 할지는 하나님께 물어보아야 할 일입니다.

그러나 단 지파 사람들은 단지 그들이 훨씬 더 정복하기 쉽다는 이유로 블레셋 대신에 그들을 정복하기로 결정해 버렸습니다. "그들이 소라와 에스다올에 돌아와서 그 형제에게 이르매 형제들이 그들에게 묻되 '너희 보기에 어떠하더뇨?' 가로되 '일어나서 그들을 치러 올라가자. 우리가 그 땅을 본즉 매우 좋더라. 너희는 가만히 있느냐? 나아가서 그 땅 얻기를 게을리 말라. 너희가 가면 평안한 백성을 만날 것이요 그 땅은 넓고 그곳에는 세상에 있는 것이 하나도 부족함이 없느니라. 하나님이 너희 손에 붙이셨느니라'"(18:8-10).

라이스 사람들이 외부 사람들과 교류 없이 그들 나름대로 평안하게 살았던 것을 보면 그렇게 악한 사람들이었던 것 같지는 않습니다. 또 설사 그들이 악했다 하더라도 자기들끼리만 살고 있었기 때문에 죄의 전파 속도가 그렇게 빠르지는 않았을 것입니다. 하나님의 백성은 죄를 위한 싸움을 해야 합니다. 악의 정도나 전파 속도가 가장 빠른 곳부터 일차적으로 공격해야 하는 것입니다. 그러니까 단 지파 사람들은 당연히 라이스 사람들보다는 블레셋 사람들과 싸웠어야 합니다. 그러나 그들은 어려운 상대를 피하고 쉬운 상대를 골라 싸우려고 했습니다. 군인이라면 가능한 한 힘든 상대와 싸워서 이기는 것을 영광으로 생각해야 할 것입니다. 어린아이나 약한 사람들을 짓밟고 나서 승리했다고 깃발을 꽂는 것은 영광이 아니라 수치입니다.

오늘 우리가 가장 쉽게 잘살 수 있는 길이 무엇입니까? 세상 방식에 따라 돈 벌고 출세하는 것입니다. 그리고 교회에 와서 "예스, 오케이, 생큐" 소리 듣는 재미로 사는 것입니다. 그러나 그렇게 하지 않고 자신에 대한 하나님의 뜻을 찾으려면 얼마나 힘든지 모릅니다. 지난주 설교를 들었을 때는 이러이러한 것이 하나님의 뜻인 것 같았습니다. 그런데 이번 설교를 들으니까 그게 아니라고 합니다. 도대체 무엇이 하나님의 뜻인지 종잡을 수가 없어요. 어떨 때는 회사를 그만두는 것이 하나님의 뜻인 것 같고, 어떨 때는 그래도 참고 다니는 것이 하나님의 뜻인 것 같습니다. 〈하나님의 뜻을 아는 법〉 같은 책을 읽으면 더 헷갈립니다. 때로는 하나님의 뜻인 줄 알고 어떤 것을 열심히 준비했는데 나중에 가 보면 하나도 못 써먹는 일도 생깁니다. 이것은 그리스도인이라면 누구나 마땅히 지불해야 하는 대가입니다. 젊었을 때 이런 대가를 지불하지 않고 편안하게 교회에 다닌 사람은 나이 든 후에 대가를 지불하게 되어 있습니다.

하나님의 뜻은 특별하고 유별난 데 있기보다는 보편적이고 평범한 데 있을 때가 많습니다. 저는 처음에 제가 목사가 되는 것은 하나님의 뜻이 아니라고 생각했습니다. 그렇게 생각한 데에는 많은 이유들이 있었지만, 무엇보다 큰 이유는 아직 나를 죽이고 싶지 않고 무언가 특별한 사람이 되고 싶은 욕망에 있었던 것 같습니다. 그러나 하나님은 저에게 평범한 것을 원하셨습니다. 그리고 그 평범한 것 가운데 얼마나 큰 힘이 있는지 깨닫게 해 주셨습니다.

이미 예전에 가나안을 다 정탐했음에도 불구하고 단 지파 사람들이 또다시 정탐한 이유가 무엇입니까? 다른 사람들이 한 일은 인정하지 못하겠다는 것입니다. 그들은 자신들을 대단히 특별한 존재로 생각하고 있었습니다. 그것이 결국 애는 애대로 쓰고서도 아무 의미 없는 일을 하게 만들었습니다. 단 지파의 라이스 정복은 이스라엘 역사에 전혀 기록할 가치가 없는 전쟁이었습니다. 그것은 하나님이 주신 약속의 땅을 포기하고 도망친 비겁한 자들의 전쟁에 불과했습니다.

좋은 것은 절대 공짜로 주어지지 않습니다. 특히 하나님의 말씀은 절대 공짜로 주어지지 않습니다. 하나님의 말씀을 위해서 모든 것을 희생하고 모든 것을 포기할 때 딱 한 방울 떨어지는 것입니다. 그것은 말씀을 듣기 전보다 더 갈등을 일으키고 더 혼동을 일으키는, 차라리 안 듣는 편이 더 편했을 것 같은 한 방울입니다. 그러나 그 한 방울은 한 방울로 그치지 않습니다. 그 샘의 문은 점점 더 열리기 시작해서 마침내 강 같은 역사를 일으킵니다. 이 귀한 진리의 샘은 가만히 있는 자에게 열리지 않는다는 것을 잊지 마십시오. 이 샘은 모든 것을 포기하고 말씀만을 구하는 자에게 열립니다.

우리에게는 말씀을 위해 버려야 할 것들이 아직도 많이 있습니다. 우리는 다시 한 번 결단할 필요가 있습니다. 더 풍성한 말씀을 얻기 위해 내가 가지고 있는 것들을 더 포기해야 할 필요가 있습니다. 그렇게 하지 않으면 나도 모르는 사이에 쉽게 잘사는 길로 흘러가고 말 것입니다.

결국 단 지파는 이스라엘 역사에서 영원히 소멸되어 버립니다. 그들은 요한계시록에 나오는 144,000명의 명단에 끼지 못합니다. 쉽게 잘살려고 하는 자들이 당장은 형통해 보일지 모릅니다. 그러나 그들은 결코 하나님 나라의 기업을 차지하지 못합니다.

믿음으로 살려고 하는 자는 바른 말씀을 듣게 될 것입니다. 불가능한 줄 알지만 그것이 중요하다는 것을 알기 때문에 몸부림치면서 부딪쳐 보는 자는 생각지도 못했던 도움의 손길을 받게 될 것입니다. 그러나 욕심으로 살려고 하는 자에게는 거짓 선지자가 나타나 더욱더 거짓된 확신을 심어 줄 것이며 돌아올 수 없는 파멸의 길로 인도할 것입니다.

첫걸음이 중요합니다. 오늘 하나님을 향해 첫걸음을 옮깁시다. 망설이지 말고, 계산하지 말고 첫걸음을 옮깁시다. 그러면 새로운 삶의 지평이 열릴 것입니다.

3
단 지파의 신상 탈취

……단 자손이 미가의 지은 것과 그 제사장을 취하고 라이스에 이르러 한가하고 평안한 백성을 만나 칼날로 그들을 치며 불로 그 성읍을 사르되……

사사기 18:11-31

얼마 전에 미국으로 이민을 떠났던 한 여성이 다시 우리나라를 방문했습니다. 텔레비전이 유독 그 여성의 방문에 관심을 보인 것은 그가 어렸을 때 광주 민주화 항쟁을 겪은 사람이었기 때문입니다. 그는 어린 나이에 많은 젊은이들이 군인들에게 매 맞고 죽고 끌려가는 모습을 보았습니다. 또 그 자신도 광주를 탈출했다가 서울에서 잡혔는데, 단지 광주에서 왔다는 이유로 심한 고문을 받아야 했습니다. 그는 이 나라에 너무나도 환멸을 느낀 나머지 한국을 완전히 잊기 위해 미국으로 이민을 갔습니다. 그리고 그곳에서 외국인과 결혼하여 한국말을 한마디도 쓰지 않고 살았습니다. 결국 그는 한국말을 할 수 없게 되었습니다. 그런데 한국을 잊으려고 그토록 몸부림쳤던 사람이 왜 다시 한국을 찾지 않으면 안 되었을까요? 아마도 자신의 핏속에 흐르는 끈끈한 정만큼은 쉽게 지워버릴 수 없었기 때문일 것입니다.

사사기 18장 후반부는 단 지파 사람들의 이민에 대해 기록하고 있습니다. 이 이민이 중요한 이유는, 그들이 단지 새로운 땅으로 이주만 한 것이 아니라 미가의 집에 있는 새로운 종교를 거의 탈취하다시피 빼앗아 자신들의 종교로 발전시킨 데 있습니다. 단 지파는 이주 과정에서 여호와 신앙을 버리고 다른 종교로 완전히 개종해 버렸습니다.

물론 저는 단 지파 전체가 이렇게 이주했다고는 생각지 않습니다. 성경도 이때 이주한 사람들의 숫자가 약 600명 가량이라고 기록하고 있습니다. 오늘 말씀은 이 단 지파 600명이 하나님이 주신 땅을 포기하고 하나님께 대한 신앙을 저버린 사건을 아주 중요하게 다루고 있습니다. 우리는 이 사람들이 무엇 때문에 이렇게 신앙까지 완전히 바꾸어 버렸는가에 대해 살펴보려고 합니다.

단 지파가 유다에서 지체하다

아마도 단 지파는 정확한 리더십이 없는 군중의 형태로 이동했던 것 같습니다. 그들은 이주하는 도중에 유다 땅 기럇 여아림에서 상당한 기간 동안 지체하게 됩니다. "단 지파 가족 중 600명이 병기를 띠고 소라와 에스다올에서 출발하여 올라가서 유다 기럇 여아림에서 진치니 이러므로 그곳 이름이 오늘까지 마하네 단이며 그곳은 기럇 여아림 뒤에 있더라"(18:11-12).

단 지파 사람들은 새로운 곳으로 이동하던 중에 분명한 이유 없이 유다 땅에서 상당 기간 체류하게 됩니다. 그 증거가 유다 땅 기럇 여아림에 남아 있는 "마하네 단"이라는 지명입니다. "마하네 단"은 '단의 진영'이라는 뜻입니다. 이런 지명이 남을 정도라면 적어도 2, 3년 이상은 이곳에 체류했을 것입니다. 한두 달 있다가 떠났는데 이런 이름을 붙였을 리는 없습니다. 그렇다면 이들은 왜 라이스로 바로 진격하지 않고 이곳에서 이렇게 오랜 기간 체류한 것일까요?

일정한 장소를 목표로 이동하다가 그곳과 전혀 상관없는 지역에 정착하는 경우들이 가끔 있습니다. 실제로 이민 간 사람들에게 정착한 경위를 물어보면, 처음에는 지금 사는 곳에 정착하게 될 줄 몰랐는데 생각지 못한 우연한 일들 때문에 주저앉게 되었다고 대답하는 이들이 많습니다.

저는 단 지파 사람들이 라이스로 바로 진격하지 못하고 유다 땅에 체류하게 된 것이 하나님의 뜻이었다고 생각합니다. 하나님은 이들이 라이스로 가는 것을 원치 않으셨습니다. 그들 중 중요한 인물의 건강이 나빠져서 지체하게 되었는지, 아니면 의견의 불일치 때문에 지체하게 되었는지는 알 수 없지만, 여하튼 하나님은 이들이 약속의 땅을 포기하고 새로운 곳으로 가는 것을 기뻐하지 않으셔서 그들을 지체시키셨습니다.

이 이유를 알 수 없는 체류 기간은 하나님의 뜻을 다시 한 번 생각해 볼 수 있는 기회였습니다. 이 기회를 놓치지 않고 "과연 우리가 이렇게 쉽게 약속의 땅을 포기하는 것은 옳은 일인가? 다섯 명의 정탐꾼이 만났다는 제사장의 말을 하나님의 뜻으로 받아들여도 되는가? 혹시 우리가 라이스도 차지하지 못한다면 죽도 밥도 안 되는 것이 아닌가?" 하면서 문제를 제기하는 사람이 있었더라면 얼마나 좋았겠습니까? 그러나 불행히도 그들 중에는 이런 문제를 제기하는 사람이 아무도 없었습니다.

우리의 삶에도 중간 중간 이런 지체의 시간들이 필요합니다. 내가 생각하기에 아무리 옳은 것 같고 성공할 것 같은 일이라도, 결정적인 순간에 멈추어 서서 다시 한 번 처음부터 반성해 보는 시간이 필요합니다. 예를 들어 이민을 가거나 유학을 떠나기 전에, 혹은 결혼을 하거나 사표를 제출하기 전에, 다시 한 번 멈추어 서서 하나님의 뜻을 물어보는 것입니다. 그 일을 위해 많은 준비를 했고 이미 상당한 과정이 진행되었다 하더라도, 다시 한 번 백지 상태로 돌아가 하나님께 질문해 보는 것입니다.

저는 어제 성경을 읽으면서 "구하라, 그러면 너희에게 주실 것이요"(마 7:7)라는 말씀을 새로이 보게 되었습니다. 제가 읽은 영어 성경에는 "구하라"가 'ask'로 되어 있었습니다. 하나님께 '물어보라'는 것입니다. 성경은 내가 힘들어하고 있는 문제에 대해, 내가 이미 결정한 문제에 대해 다시 한 번 하나님께 묻는 것이 얼마나 엄청난 복인지에 대해 계속 말씀하고 있었습니다.

하나님은 우리의 삶에 무관심한 분이 아닙니다. 우리가 여러 번 간청하고 졸라야 겨우 응답해 주시는 무관심한 아버지가 아닙니다. 그분은 우리의 삶에 너무나도 많은 관심을 가지고 계시며 너무나도 좋은 계획을 가지고 계십니다. 그러니까 물어보라는 것입니다. 아무리 준비를 많이 했고 아무리 일이 많이 진전된 상태라도 한번 물어보라는 것입니다.

저는 올해 몇 가지 어려운 문제들에 대해 하나님께 물어보았습니다. 그런데 그 결과는 아주 놀라웠습니다. 하나님은 제가 질문하고 맡긴 한 가지 한 가지에 놀라울 정도로 세심한 관심을 기울여 주셨습니다. 도대체 누가 주인이고 누가 종인지 구별이 되지 않을 정도였습니다. 분명히 제가 주님을 섬겨 드려야 하는데, 오히려 주님이 종이 되셔서 제가 의뢰한 모든 것들을 신실하게 다 해 놓으셨습니다.

저는 단 지파가 차라리 그곳에 눌러앉아 버리든지, 아니면 길을 돌이켜 소라와 에스다올로 다시 돌아갔더라면 참으로 좋았겠다는 생각이 듭니다. 그러나 그들은 2, 3년 지체한 후에 자신들의 원래 계획대로 밀고 나갔습니다. 아마도 처음에 땅을 정탐하러 갔던 다섯 명의 강경파가 리더십을 장악했기 때문이었던 것 같습니다.

신상 탈취 사건

단 지파 사람들은 라이스를 정복하기 전에, 다섯 명의 정탐꾼이 갔던 적이 있는 미가의 집을 다시 찾아가 그 집의 신상과 물건들을 통째로 탈취했습니다. "전에 라이스 땅을 탐지하러 갔던 다섯 사람이 그 형제들에게 말하여 가로되 '이 집에 에봇과 드라빔과 새긴 신상과 부어 만든 신상이 있는 줄을 너희가 아느냐? 그런즉 이제 너희는 마땅히 행할 것을 생각하라' 하고 다섯 사람이 그편으로 향하여 소년 레위 사람의 집 곧 미가의 집에 이르러 문안하고 단 자손 600명은 병기를 띠고 문 입구에 서니라. 땅을 탐지하러 갔던 다섯 사람이 그리로 들어가서 새긴 신상과 에봇과 드라빔과 부어 만든 신상을 취할 때에 제사장은 병기를 띤 600명과 함께 문 입구에 섰더니"(18:14-17).

우리는 여기에서 일찍이 땅을 정탐하러 갔던 다섯 명이 제사장에게 인사한 후, 600명을 문 앞에 세워 놓은 채 안에 들어가 신상과 에봇과 드라빔을 탈취하는 장면을 볼 수 있습니다. 이것은 그들이 라이스로 이주하는 이유가 단순히 땅 문제에만 있지 않았다는 사실을 보여 줍니다. 그들은 라이스 땅에 정착하게 되었을 때 어떤 종교를 가지면 좋을지 이미 결정해 놓고 있었습니다. 그들이 선택한 종교는 여호와 종교도 아니고 바알 종교도 아니었습니다. 미가의 집에서 본 완전히 새로운 종교였습니다.

다섯 명의 정탐꾼은 미가의 집에 처음 갔을 때부터 그곳의 제사장과 물건들이 마음에 들었습니다. 다섯 명이 다시 이곳을 찾았을 때 제사장에게 문안부터 한 것은 그들이 이 제사장을 좋아하고 있었다는 사실을 보여 줍니다. 그들은 신상과 물건을 훔친 후에 제사장까지 데리고 갔습니다. 이것은 완전히 계획된 행동이었습니다.

이들은 왜 이곳의 물건들과 제사장을 좋아했을까요? 그것은 자신들이 어려울 때 이 제사장이 듣기 좋은 말을 해 주었기 때문입니다. 아마도 단 지파 내부에는 이런 식으로 약속의 땅을 버리고 라이스를 침략하는 것은 하나님의 뜻이 아닐 것 같다는 반대의견이 있었을 것입니다. 그런데 이 거짓 제사장이 그들에게 확신을 주었습니다. 다급한 상황에서는 거짓말이라도 좋으니 누군가 듣기 좋은 말을 해 주기를 바라는 것이 사람의 마음입니다. 그런데 이 제사장이 바로 그런 말을 해 준 것입니다.

그래서 그들은 라이스를 침공하기 전에 이미 이 제사장의 신앙을 자기들의 신앙으로 삼기로 결정해 버렸습니다. 이것은 그들이 제사장에게 한 말에 분명히 드러나 있습니다. "그 다섯 사람이 미가의 집에 들어가서 그 새긴 신상과 에봇과 드라빔과 부어 만든 신상을 취하여 내매 제사장이 그들에게 묻되 '너희가 무엇을 하느냐?' 그들이 그에게 이르되 '잠잠하라. 네 손을 입에 대라. 우리와 함께 가서 우리의 아비와 제사장이 되라. 네가 한 사람의 집의 제사장이 되는 것과 이스라엘의 한 지파, 한 가족의 제사장이 되는 것이 어느 것이 낫겠느냐?'"(18:18-19).

중요한 점은 왜 이들이 새로운 곳으로 이주하면서 여호와 신앙을 버리기로 결정했을까 하는 것입니다. 우리는 여기에 대해 몇 가지 가능성 있는 이유들을 찾아볼 수 있습니다. 그러나 그 중에서 가장 유력한 것은, 그들의 마음속에 '이런 식으로 약속의 땅을 포기하는 것이 과연 옳으냐' 하는 양심의 소리가 있었다고 보는 것입니다. 이렇게 보면 왜 그들이 기랏 여아림에서 지체했는지도 잘 설명되는 것 같습니다.

지금 단 지파를 이끌고 있는 다섯 사람이 생각하고 있는 바가 무엇입니까? 만일 이런 식으로 라이스로 이주하면 백성들이 약속의 땅을 생각하느라 새 땅에 정착하지 못하리라는 것입니다. 그러니까 라이스에 정착해서 잘살려면 여호와의 약속에 대한 생각을 완전히 지워 버려야 한다는 계산에서, 이번 기회에 아예 여호와 신앙을 버리고 새 종교를 택한 것이 아닌가 합니다.

사실 다른 사람의 신상을 강탈하는 것은 흔한 일이 아닙니다. 돌 부처의 코를 만지거나 갈아 마시면 아들을 낳는다는 미신 때문에 조금씩 떼어 가는 경우는 있어도, 신상 전체와 제단과 제사장까지 통째로 강탈해 가는 일은 별로 없습니다. 고대에는 부족 간의 전쟁에서 이긴 쪽이 진 쪽의 신상을 강탈해 가곤 했지만, 그것은 숭배하기 위해서가 아니었습니다. 그 당시 사람들은 전쟁을 각자 섬기는 신들끼리의 전쟁으로 생각했기 때문에 일종의 포로로서 빼앗아 간 것일 뿐입니다. 최근에 많은 불상이 훼손되었는데, 그것을 훼손한 사람이 기독교인으로 밝혀져 불교계가 발끈한 일이 있습니다. 이처럼 다른 종교에 타격을 가하거나 힘을 잃게 할 목적으로 신상을 훼손하거나 훔치는 경우는 있어도, 단 지파 사람들처럼 아예 자신들의 종교로 삼기 위해 제사장까지 탈취해 가는 경우는 흔치 않습니다.

이 다섯 명의 지도자가 미가 집안의 종교를 좋아했던 것은 자신들이 하나님의 말씀에 불순종하고 있는데도 축복해 주었기 때문입니다. 세상에 이렇게 좋은 종교가 어디 있습니까? 예를 들어 어떤 사람이 아내를 두고 다른 여자와 함께 세계여행을 떠나는데, 제사장이 복을 빌어 주면서 잘 다녀오라고 한다면 얼마나 마음이 홀가분하겠습니까? 배가 튀어나오게 부정축재를 했는데, 제사장이 양손을 들어 축복해 주면서 앞으로 더 형통할 것이라고 말해 준다면 얼마나 기분이 좋겠습니까? 지금 술집에서 일하고 있는데, 계속 그렇게 일하면서 교회에 열심히 헌금하고 봉사하라고 말하는 목회자가 있다면 얼마나 고맙겠습니까?

미가의 제사장은 양심이 죽은 제사장이었습니다. 그에게 중요한 것은 밥벌이였습니다. 그는 단 지파 사람들이 신상을 탈취해 가는 것을 보면서 "너희가 무엇을 하느냐?"고 묻습니다. 신상이 중요해서가 아닙니다. 그것이 없어지면 밥벌이할 일이 없어지기 때문에 물은 것일 뿐입니다. 그런데 단 지파 사람들이 자기 부족의 제사장이 되라고 하자 좋아라 하면서 따라나섰습니다.

 욕심이 있는 사람은 여호와 종교를 싫어합니다. 왜냐하면 양심의 갈등이 생겨서 이것도 안 되고 저것도 안 되기 때문입니다. 그리스도인으로서 가장 불행한 상황이 바로 욕심을 가지고 신앙생활 하는 것입니다. 그렇게 하면 죽도 밥도 안 됩니다. 사도 바울이 말한 것처럼 육신의 소욕과 성령의 소욕이 싸우는 바람에 제대로 되는 일이 하나도 없어요. 단 지파 사람들은 그것을 알았습니다. '우리가 여기에서 우물쭈물하면 약속의 땅도 차지하지 못하고 라이스도 차지하지 못한다. 이참에 여호와 신앙을 완전히 끊어 버리고 새로운 곳에서 새 종교로 출발하자. 이스라엘과의 관계는 여기에서 단절하기로 하자'는 것이 그들의 생각이었습니다.

 미가 집안의 종교와 여호와 신앙의 차이가 무엇입니까? 미가 집안의 종교에는 죄라는 개념이 없습니다. 내가 원하는 것은 무조건 진리이고, 하나님은 무조건 사랑의 하나님입니다. 이 하나님은 내가 어디서 무엇을 하건 예외 없이 축복해 주게 되어 있습니다. 그런데 문제는 오늘날 기독교에서도 죄를 지적하는 소리를 들을 수가 없다는 것입니다. 그 이유가 무엇입니까? 사람들이 죄 지적당하는 것을 좋아하지 않기 때문입니다. 그래서 죄를 지적당해야 할 자리를 인간의 열심으로 대체시키고 있습니다. 어디를 가도 들리는 소리는 늘 똑같습니다. "하나님이 여러분을 축복해 주실 것입니다. 만사형통할 것입니다."

기독교가 존재하는 것은 사람 속에 있는 죄를 치료해서 새 사람 되게 하기 위해서입니다. 그래서 하나님은 이스라엘 백성들에게 계속 성전에 나아와 속죄제와 번제를 바치라고 말씀하셨습니다. 그런데 단 지파 사람들은 제사가 싫다는 것입니다. 죄를 지적하는 소리가 듣기 싫다는 것입니다.

미가의 종교가 우리로부터 멀리 있다고 생각지 마십시오. 지금 얼마나 많은 이들이 회개 없는 신앙생활을 즐기고 있으며, 얼마나 많은 목회자가 회개 없는 축복을 부르짖고 있습니까? 그래도 젊을 때는 조금 낫습니다. 조금만 나이 들고 세상에서 안정된 자리에 올라서고 나면 벌써 죄 설교가 듣기 싫어집니다. 교회까지 와서 죄를 지적당하기보다는 어떤 식으로든지 인정받기를 바라게 됩니다. 그러나 그것은 미가의 종교입니다.

진정한 기독교는 사람의 깊은 잠재의식 속을 파고들어가 그 안에 자리잡고 있는 엄청난 죄의 세력을 들추어냅니다. 저는 아직도 여전히 제 안에 자리잡고 있는 거대한 죄의 세력을 볼 때마다 저 자신에게 엄청나게 실망하곤 합니다. 성령이 한순간이라도 지켜 주시지 않는다면 이 죄의 세력에 굴복당하지 않을 길이 없을 것입니다. 언제 우리의 삶이 생명력을 얻습니까? 성령의 능력으로 이 죄의 세력을 찍어 버릴 때입니다. 죄의 세력은 한순간이라도 내버려 두면 안 됩니다. 한순간이라도 내버려 두면 벌써 꽃을 피워 버립니다. 가

벼운 종양이라고 생각해서 수술을 했는데, 막상 안을 열어 보니 암이 퍼질 대로 퍼져 있다고 생각해 보십시오. 그럴 때 의사가 무엇을 할 수 있겠습니까? 그야말로 속수무책이 아닐 수 없습니다. 죄의 세력이 바로 그와 같습니다.

암이 퍼졌을 때는 아픈 자리에 빨간 약만 바른다고 해서 낫지 않습니다. 그런데 미가의 종교는 빨간 약만 발라 놓고도 괜찮다고 합니다. 미가의 종교에서는 무조건 내가 원하는 대로 된다고 믿으며, 내가 무슨 짓을 하든 하나님이 도와주시고 사랑해 주신다고 믿습니다. 미가의 종교에는 죄는 없고 축복만 있습니다. 이런 신앙을 가진 사람들은 스스로 자기의 수고와 봉사와 열정에 감격하고 만족해합니다. 그러나 주님은 그런 사람에게 이미 자기 상을 받았다고 말씀하십니다.

진정한 축복이 어디 있습니까? 얼마나 높은 자리에 올라가고 얼마나 돈을 많이 버느냐 하는 데 있지 않습니다. 얼마나 하나님과 밀착되어 있으며 얼마나 하나님이 기뻐하시는 삶을 살고 있느냐에 있습니다. 기독교는 예수로 인해 모든 것을 잃는 것입니다. 예수님을 위해 명예를 잃은 사람은 그 잃은 명예만큼 예수님을 사랑하는 것입니다. 예수님 때문에 공부를 잃은 사람은 그 잃은 공부만큼 예수님을 사랑하는 것입니다. 예수님 때문에 가족을 잃고 돈을 잃고 친구를 잃고 집을 잃은 사람은 그것들을 잃은 그만큼 예수님을 사랑하는 것입니다. 그런데 오늘날 많은 이들은 아무것도 잃지 않고 예수를 사랑하려 하고, 아무것도 손해보지 않고 하나님의 축복을 받으려고 합니다. 그것은 미가의 종교입니다.

단 지파 사람들은 바로 그 미가의 종교를 단 지파 안으로 끌어들이고 나중에는 이스라엘에까지 끌어들임으로써 급기야 이스라엘 전체를 멸망으로 이끌어 갑니다.

신상을 회수하려고 쫓아간 미가

단 지파 사람들이 신상을 탈취해 갔을 때 미가는 그 자리에 없었던 것 같습니다. 그는 단 지파 사람들이 어느 정도 길을 간 후에야 비로소 신상이 탈취당한 것을 알고 이웃집 사람들과 함께 쫓아왔습니다. "그들이 돌이켜서 어린아이들과 가축과 물품을 앞에 두고 진행하더니 미가의 집을 멀리 떠난 때에 미가의 이웃집 사람들이 모여서 단 자손을 따라 미쳐서는 단 자손을 부르는지라. 그들이 낯을 돌이켜 미가에게 이르되 '네가 무슨 일로 이같이 모아가지고 왔느냐?'"(18:21-23).

단 지파 사람들은 어린아이들과 가축과 물품을 앞에 두고 진행했습니다. 이것은 미가가 사람들을 끌고 쫓아올 것이며 그러면 한바탕 전쟁이 벌어질 수도 있다는 것을 미리 예견하고 취한 조처입니다. 아니나 다를까 미가는 이웃집 사람들을 모아서 이들을 쫓아와 거칠게 항의했습니다. "미가가 가로되 '나의 지은 신들과 제사장을 취하여 갔으니 내게 오히려 있는 것이 무엇이냐? 너희가 어찌하여 나더러 무슨 일이냐 하느냐?' 단 자손이 그에게 이르되 '네 목소리를 우리에게 들리게 말라. 노한 자들이 너희를 쳐서 네 생명과 네 가족의 생명을 잃게 할까 하노라' 하고 단 자손이 자기 길을 행한지라. 미가가 단 자손이 자기보다 강한 것을 보고 돌이켜 집으로 돌아갔더라"(18:24-26).

미가는 왜 이 신상과 제사장을 회수하려고 했을까요? 돈 때문이었습니다. 쉽게 말해서 신상을 가져가려면 권리금이라도 주고 가야지 그냥 가져가면 어떻게 하느냐는 것입니다. 미가는 지금 얼마나 엄청난 일이 벌어지고 있는지 모르고 있습니다. 지금의 상황은 마치 판도라의 상자가 열린 것과 같습니다. 판도라의 상자는 이 세상의 온갖 재앙이 다 들어 있는 상자입니다. 한번 뚜껑이 열리면 다시는 수습할 길이 없습니다. 미가가 집안에서 한 짓은 일종의 종교 장난이라고 할 수 있었습니다. 자기 은으로 신상을 만들고 오갈 데 없는 레위인을 제사장을 삼은 것까지는 아직 상자 안에서 한 짓이라고 할 수 있었어요. 그러나 그것이 단 지파에게 넘어가면서 상자의 뚜껑은 열리고 말았습니다. 미가의 집에서 시작된 작은 종교 장난은 이제 걷잡을 수 없는 재앙이 되어 온 이스라엘로 퍼져 나가기 시작합니다. 이것은 먼저 단 지파를 쓰러뜨리고, 급기야 북쪽에 있는 이스라엘 열 지파 전체를 멸망시키기에 이릅니다.

그래서 인간은 처음부터 자신의 호기심에 한계선을 그어서 그 이상 넘어가지 않도록 주의해야 합니다. 사사기에는 "이스라엘에 왕이 없으므로"라는 말이 계속 나옵니다. 왕이 해야 할 일이 무엇입니까? 바로 이 한계선을 넘지 못하도록 막는 것입니다. 사람의 호기심은 너무 강력해서 한계선을 넘어가야만 만족합니다. 그러나 개인의 호기심이 한계선을 넘어 다른 사람에게로 퍼져 나가기 시작하면, 그때부터는 걷잡을 수 없는 죄의 불길이 되어 수많은 사람들을 태워 죽이게 되어 있습니다.

최근에 우리나라는 경제적인 필요 때문에 일본 문화를 개방하려 하고 있는데, 이것이 판도라의 상자를 여는 일은 아닌가 우려하는 이들이 많습니다. 단순한 민족 감정 때문이 아닙니다. 일본 문화는 독특한 귀신 문화입니다. 일본은 귀신이 모든 것을 지배하는 나라입니다. 그들의 문화는 기독교 문화와 근본적으로 빛깔이 다릅니다. 음산하고 우울하며 정신병적이에요. 일본 문화에는 인간으로서 마땅히 절제하는 영역이 없습니다. 그러니까 젊은 사람들이 한번 빠지면 완전히 미쳐서 헤어나오지 못하는 것입니다.

영화감독이나 과학자 중에도 인간으로서 넘어가서는 안 되는 영역으로 넘어가는 이들이 있습니다. 마치 파우스트가 출세를 위해 마귀에게 자신의 영혼을 담보로 내준 것처럼, 이들도 인간이 다루어서는 안 되는 부분들을 다룹니다. 예를 들어 영화에서 성(性)이나 영혼을 소재로 삼는 것은 선을 넘어가는 것입니다. 성은 흥행의 소재가 되어서는 안 되는 소중한 것입니다. 성에는 하나님의 형상이 새겨져 있습니다. 얼마 전 청소년들이 포르노 영화를 만들어서 사회에 큰 충격을 준 적이 있었습니다. 한번 만들어 놓고 나니 당사자들도 손쓸 수 없을 정도로 급격히 퍼져 나갔습니다. 이 비디오테이프 하나 때문에 얼마나 많은 사람들이 죄를 짓게 되었는지 모릅니다. 과학자도 마찬가지입니다. 얼마 전에는 양을 복제하더니 이제는 사람까지 복제한다고 떠들고 있습니다. 그러나 지식이 있다고 해서 다 쓸 수 있는 것이 아닙니다. 아인슈타인은 원자탄의 근거가 되는 가설을 세운 사람이었지만 원자탄 개발에는 참여하지 않았습니다. 자기가 알고 있는 것을 다 사용하는 것이 얼마나 무책임한 일이며 무서운 재앙을 불러일으킬 수 있는 일인지 알고 있었기 때문입니다.

사람들은 끊임없이 자유로워지려는 경향을 가지고 있습니다. 무엇으로부터 자유로워지려고 합니까? 신으로부터 자유로워지려고 합니다. 그들은 할 수 있는 대로 신의 영역을 파괴하며 줄이고 없애는 것이야말로 인간이 더 풍성한 삶을 사는 길이라고 생각합니다. 그러나 그 결과는 대재앙입니다. 평범한 사람들은 하나님이 무서워서 그런 짓을 하지 못합니다. 그러나 특별히 겁이 없는 사람들이 가끔 나타납니다. 그들은 자기 머리를 믿고, 해서는 안 될 실험들을 합니다. 그러나 그것이 실험실에서 세상으로 흘러나가는 순간, 더 이상 수습할 수 없는 재앙이 되어 버립니다.

저는 미가가 단 사람들을 쫓아가서 "당신들이 뭘 모르고 가져가는 이 신상과 제사장이 당신들 족속 전체를 망하게 할 수 있습니다!"라고 외쳤어야 한다고 생각합니다. 자기가 지금껏 한 짓은 종교 장난으로서 절대 다른 곳으로 퍼져 나가서는 안 된다고 소리를 질렀어야 한다고 생각합니다. 그러나 그는 이렇게 소리를 지르기는커녕 오히려 권리금을 내놓으라고 했습니다.

단의 최후

단 지파 사람들은 자신들이 원하던 대로 라이스를 공격해서 모든 것을 멸망시키고, 거기에 '단' 이라는 도시를 건설했습니다. "단 자손이 미가의 지은 것과 그 제사장을 취하고 라이스에 이르러 한가하고 평안한 백성을 만나 칼날로 그들을 치며 불로 그 성읍을 사르되 그들을 구원할 자가 없었으니 그 성읍이 베드 르홉 가까운 골짜기에 있어서 시돈과 상거가 멀고 상종하는 사람도 없음이었더라. 단 자손이 성읍을 중건하고 거기 거하며 이스라엘 소생 그 조상 단의 이름을 따라 그 성읍을 '단' 이라 하니라. 그 성의 본이름은 라이스더라"(18:27-29).

라이스가 600명밖에 안 되는 단 사람들에게 멸망당한 것은 전쟁에 전혀 대비하고 있지 않았기 때문입니다. 아마 라이스는 명목상 시돈의 통치를 받았던 것 같습니다. 그러나 시돈에서 먼 곳에 있었고 주위에 다른 성도 없어서 이들이 망한 것을 아무도 몰랐던 것으로 보입니다. 라이스 사람들은 어떻게 이토록 전쟁에 아무 대비도 하지 않고 있었을까요? 그들은 현실을 너무 이상적으로 생각하고 있었던 것이 아닐까요? 자신들이 남을 해치지 않으면 남도 자신들을 해치지 않으리라고 생각했던 것이 아닐까요? 어쩌면 이곳에 유명한 철학자가 있어서 "우리는 전쟁도 없고 질병도 없는 완벽한 이상도시를 건설해 보자"고 주장했을지도 모릅니다. 그러나 이 세상의 악이 해결되지 않는 한 이상적인 도시나 나라는 존재할 수 없습니다. 악이 존재하는 한 어떤 도시나 나라든지 무장을 해야 합니다.

지금 우리나라는 북한에 대해 햇볕정책을 사용하고 있습니다. 그러나 북한은 그런 햇볕만으로는 녹지 않을 것입니다. 그들은 엄청난 군대를 가지고 있습니다. 그것은 밀가루 몇천 톤으로 녹을 성질의 것이 아닙니다. 북한의 눈에는 우리가 라이스처럼 보일지도 모릅니다. 그래서 어떻게 해서든지 이 평안한 나라를 빼앗고 싶은 마음이 있을지도 모릅니다.

종교개혁 때 성경을 문자 그대로 믿었던 사람들이 있었습니다. 그들은 유아세례를 인정하지 않고 성인이 된 후에 다시 세례를 받았기 때문에 '재세례파'로 불렸습니다. 이 재세례파는 성경을 너무나도 문자적으로 믿은 나머지 현실을 인정하지 않았습니다. 성경이 맹세하지 말라 했다고 해서 결혼할 때도 맹세하지 않았고, 재산을 갖지 말라 했다고 해서 재산도 전부 포기했습니다. 그들은 루터나 칼빈이 현실 정치와 야합한다고 생각했습니다. 그 결과 그들은 세상에서 살아남을 수 없게 되었습니다. 그들은 엄청난 희생을 치러야만 했습니다.

그의 나라와 그의 의를 먼저 구해야 한다고 해서 당장 직장을 그만두고 선교사가 되어 떠나는 이들처럼, 너무 이상적으로 신앙생활을 하다 보면 별로 중요하지 않은 일에 너무 큰 희생을 치르게 됩니다. 그렇다고 해서 라이스가 순수했다는 말은 아닙니다. 다만 그들이 겨우 600명에게 이렇게 완전히 몰살당한 것은 지나친 이상주의에 빠졌기 때문이 아닌가 한번 짚어 본 것입니다.

우리에게는 돈이 필요합니다. 그러나 주님은 돈을 이 세상에 쌓아 두지 말라고 말씀하셨습니다. 그래서 돈이 생기면 우리는 갈등합니다. '이 돈이 있어서 내가 신앙대로 살지 않는 것은 아닌가, 이 돈이 나를 나태하게 만들지는 않는가, 교만하게 만들지는 않는가?' 그럴 때 우리는 '이 돈은 주님의 것이다. 주님이 원하실 때 바르게 사용해야 한다'고 다짐하면서 계속 자신을 훈련시키고 설득시켜야 합니다. 이것이 우리가 해야 할 일입니다. 돈을 완전히 포기하는 것은 오히려 쉬운 일입니다. 주님의 뜻대로 관리하고 바르게 사용하는 것이 훨씬 더 어렵습니다.

오늘 말씀에서 중요한 것은 라이스 시대 이후 단의 운명이 어떻게 되었는가 하는 점입니다. "단 자손이 자기를 위하여 그 새긴 신상을 세웠고 모세의 손자 게르손의 아들 요나단과 그 자손은 단 지파의 제사장이 되어 이 백성이 사로잡히는 날까지 이르렀더라. 하나님의 집이 실로에 있을 동안에 미가의 지은 바 새긴 신상이 단 자손에게 있었더라"(18:30-31).

우리는 이 구절에서 중요한 정보 두 가지를 얻을 수 있습니다. 한 가지는 이 거짓 제사장의 이름입니다. 그의 이름은 모세의 손자 게르손의 아들 요나단입니다. 즉 모세의 증손자인 셈입니다. 히브리인들의 족보는 몇 단계씩 건너뛰어 기록되는 경우가 흔하기 때문에 정말 증손자였는지 아니면 몇 대손이었는지 명확지 않습니다. 그러나 모세의 후손이었던 것만큼은 틀림없습니다. 히브리인들은 모세의 후손 중에 이런 거짓 제사장이 나온 것이 부끄러워서, 여기에 나오는 "모세"에 히브리 자음인 '눈'이라는 자음을 첨가해서 읽었습니다. '눈'은 영어의 'N'과 같습니다. 그래서 이것을 첨가해서 읽으면 "모세의 손자"가 아니라 '므낫세의 손자'가 됩니다. 이 거짓 선지자의 행동은 모세의 후손이라고 하기에는 너무나 부끄러운 짓이었습니다. 그의 행동은 오히려 유다를 멸망시킨 므낫세 왕이 한 짓에 더 가까웠습니다.

또 한 가지 우리가 알 수 있는 것은 단이 결국 사로잡혀서 멸망했다는 사실입니다. 그들은 쉽게 땅을 차지했던 것처럼 쉽게 망하고 말았습니다. 30절은 "이 백성이 사로잡히는 날까지"라고 말씀하고 있습니다. 이것은 이스라엘 전체가 앗수르에 사로잡힌 일을 가리키는 말일까요, 아니면 그 전에 단이 멸망할 기회가 따로 있었다는 말일까요? 만약 앗수르에 사로잡힌 일을 가리키는 것이라면, 단은 상당히 오랫동안 존속한 셈이 됩니다. 그런데 31절은 하나님의 집이 실로에 있을 동안 미가의 신상이 단에 있었다고 말씀합니다. 실로는 엘리 제사장 시절, 즉 사무엘이 어렸을 때 불에 탄 것으로 생각됩니다. 그렇다면 단은 이스라엘에 왕이 생기기 전에 이미 멸망했거나 포로가 되어 다른 곳으로 잡혀간 것입니다.

저는 단 지파가 이스라엘 열두 지파 중에 가장 먼저 멸망했다고 보는 입장입니다. 다시 말해서 쉽게 잘살기 위해 믿음의 싸움을 포기하고 엉뚱한 곳에 정착했던 단 지파는 자신들이 라이스를 쉽게 얻은 것만큼이나 쉽게, 이스라엘에 왕이 생기기도 전에 이미 멸망했다는 것입니다. 물론 이때 단 지파 전체가 멸망한 것은 아니었을 것입니다.

사사기의 역사는 부흥의 역사입니다. 단 지파뿐 아니라 이스라엘 거의 대부분의 지파들이 가나안 정복에 어려움을 겪고 있었지만, 하나님은 보잘것없는 평신도들에게 성령의 능력을 주셔서 세상을 이기게 하시고 부흥을 일으키셨습니다. 성령의 능력이 임하시니 에훗 같은 장애인도, 드보라 같은 여성도, 야엘 같은 이방인 여성도, 입다 같은 기생의 아들도 위대하게 사용되었습니다. 반면에 영적 전쟁을 포기하고 쉽게 잘살려 했던 단 지파의 일부는 이스라엘에 왕이 생기기도 전에 자신들이 남을 몰락시킨 것처럼 몰락하고 말았습니다.

지금 우리의 부흥을 막고 있는 것이 무엇입니까? 그것은 진실을 외면하고 쉽게 잘살려고 하는 세속주의입니다. 아무리 침체되어 있고 어려운 상황에 처해 있어도 진리에 대해 정직해지기만 하면 얼마든지 다시 일어설 수 있습니다. 그러나 단 지파 사람들은 새로운 현실에 적응하기 위해 진리의 등불을 완전히 꺼 버렸기 때문에 다시는 소생하지도, 부흥하지도 못했습니다. 지금 우리는 모두 부흥을 원하고 있습니다. 부흥의 관건은 우리가 얼마나 진리 앞에 진실할 수 있느냐 하는 것입니다. 마음의 갈등을 무시하고 외적으로 성공하기 위해 진리가 아닌 것을 붙들 때, 쉽게 잘살 수 있을지는 몰라도 그만큼 빨리 몰락하고 말 것입니다.

오늘 우리는 우리 안에 있는 기회주의적인 요소들을 하나님 앞에서 회개해야 합니다. 죄 문제를 해결하지 않은 채 행복을 얻으라고 속이는 미가의 신상을 배격해야 합니다. 하나님의 축복을 얻는 길은 하나님과의 바른 관계로 돌아오는 것입니다. 복을 얻기 위해 악인의 꾀를 좇고 죄인의 길에 서며 오만한 자의 자리에 앉으면, 절대 복이 오지 않습니다. 길을 바꾸십시오. 지금까지 걸어 온 죄의 길을 버리고 말씀이 요구하는 길로 들어설 때, 진정한 하나님의 축복이 우리에게 주어질 것입니다.

4
레위인의 도덕적 상태

> 이스라엘에 왕이 없을 그때에 에브라임 산지 구석에 우거하는 어떤 레위 사람이 유다 베들레헴에서 첩을 취하였더니……
>
> 사사기 19:1-15

얼마 전 신문에 아주 충격적인 기사가 실렸습니다. 어떤 남자들이 서로의 아내를 바꾸어 가면서 성관계를 가졌다는 것입니다. 저는 그 기사를 읽으면서 우리나라의 도덕적 수준에 대해 충격을 받지 않을 수 없었습니다. 또 다른 기사에는 어떤 여자가 옛날 애인에게 '다른 사람과 결혼하더라도 당신과 계속 성관계를 갖겠다'는 각서를 써 주었는데, 나중에 이 남자가 각서를 빌미로 결혼한 여자를 괴롭히자 현 남편이 그를 폭행했다는 내용이 실렸습니다. 이런 기사들은 우리나라 사람들의 생각이 이미 갈 데까지 가 버렸다는 것을 보여 줍니다. 사람들이 정상적인 사고방식을 가지고 있다면 이런 일들이 일어날 수 없을 것입니다.

그런데 사사기 끝부분에도 우리가 도저히 상상할 수 없는 사건이 기록되어 있습니다. 그것은 이스라엘 백성들 자신조차 "도대체 이런 일은 본 적이 없다"고 실토할 정도로 끔찍한 사건이었습니다. 어느 레위인에게 첩이 하나 있었습니다. 그런데 그 첩이 다른 사람과 불륜을 저지르고는 자기 집으로 도망을 쳐 버렸습니다. 레위인은 그 여자가 아까웠습니다. 그래서 첩 장인의 집까지 찾아가 잘 구슬려서 다시 데려오려고 했습니다. 레위인과 첩은 집으로 돌아오는 길에 베냐민 지파에 속한 기브아에서 밤을 보내게 되었습니다. 그런데 그곳에 있던 동성연애자 깡패들이 몰려와 레위인을 강간하겠다고 소동을 피웠습니다. 그는 첩을 대신 내주었고 깡패들은 밤새도록 그를 윤간했습니다. 아침에 레위인이 나가 보니 여자는 죽어 있었습니다. 집에 돌아온 레위인은 여자의 시체를 토막내서 온 이스라엘에 보냄으로써 이 일을 고발했고, 흥분한 이스라엘 백성들은 베냐민과 전쟁을 벌이기에 이르렀습니다. 이 내전으로 인해 다른 지파들도 큰 타격을 입었지만 특히 베냐민 지파는 거의 멸망할 위기에 처하게 되었습니다.

사사기는 부흥의 역사입니다. 이스라엘 백성들이 가나안 세력들을 몰아내지 못하고 주저앉아 있다가 오히려 다른 민족들의 지배와 압제를 받게 되었을 때, 하나님이 이름 없는 평신도들에게 성령을 부어 교회를 다시 살리시고 영광스러운 모습을 되찾게 하신 역사가 기록되어 있습니다. 그런데 그 중에서 끝까지 부흥하지 못한 지파가 두 군데 있었습니다. 한 지파는 어려운 상대를 피해 편하게 살려고 했던 단 지파였습니다. 영적 싸움을 포기했던 단 지파는 쉽게 잘 살려고 했던 만큼 쉽게 무너져, 이스라엘 열두 지파 중에 가장 먼저 소멸되어 버렸습니다. 또 한 지파는 베냐민 지파였습니다. 레위인의 첩을 윤간해서 죽인 동성연애자 깡패들을 비호했던 베냐민 지파는 남자 600명을 제외한 거의 대부분의 백성들이 살육을 당하는 큰 손실을 입었습니다.

그런데 끝까지 부흥하지 못한 이 두 지파의 멸망에는 공통점이 하나 있습니다. 그것은 이들의 멸망이 모두 레위인의 타락과 관련되어 있었다는 것입니다. 단 지파의 멸망을 부추긴 사람은 미가의 집에서 월급을 받고 지내던 고용 레위인이었습니다. 베냐민 지파를 거의 망하게 만든 계기를 제공한 사람도 첩을 데리고 여행하던 레위인이었습니다. 시대가 어려울 때 평신도들은 성령의 능력을 받아 하나님의 나라를 위기에서 건져 낸 데 반해, 성직자라고 할 수 있는 레위인들은 오히려 돈과 정욕에 사로잡혀 이스라엘을 더욱더 부패시키고 말았습니다.

레위인의 첩

오늘 우리가 보게 될 사건은 한 레위인의 비정상적인 생활에서 시작되고 있습니다. "이스라엘에 왕이 없을 그때에 에브라임 산지 구석에 우거하는 어떤 레위 사람이 유다 베들레헴에서 첩을 취하였더니"(19:1). 레위인들은 하나님을 섬기는 사람들입니다. 그러니까 아무리 에브라임 산지 구석에 살고 있다 해도 자기가 있는 곳에서 하나님의 율법을 가르쳐야 할 책임이 있었습니다. 그러나 그는 첩을 두고 있었습니다.

'첩'이 어떤 사람입니까? 첩은 남자가 본부인 외에 거느리고 사는 여자입니다. 물론 우리나라 조선 시대 때도 첩을 둔 양반들이 많았습니다. 그러나 그런 첩의 개념과 성경에서 말하는 첩의 개념에는 상당한 차이가 있습니다. 성경에서 말하는 첩은 부부관계는 맺고 있지만 법적인 권리나 의무는 전혀 없는 여자를 가리킵니다. 지난번에도 말했듯이, 첩은 이를테면 군번 없는 군인과 같습니다. 중동 지방에서처럼 정식 부인들인 경우에는 아무리 수가 많아도 그 사이에 서열이 있고 똑같은 권리와 의무가 있습니다. 그러나 첩에게는 그런 것이 없습니다. 또 고대에 결혼을 하려면 상당한 신부대금이나 지참금을 주고 신부를 데려와야 했습니다. 그것은 이혼을 방지하는 일종의 안전장치였습니다. 그러나 첩은 그런 신부대금이나 지참금 없이 그냥 데리고 살 수 있었습니다. 그러니까 남자도 마음에 들지 않으면 얼마든지 여자를 버릴 수 있었고, 여자도 언제든지 남자를 떠날 수 있었습니다. 즉 요즘 식으로 표현하면 내연의 관계 비슷한 것입니다.

율법에는 레위인이나 제사장의 혼인에 대한 엄격한 규정들이 있습니다. 그들은 하나님을 섬기는 자들이었기 때문에 반드시 처녀와 결혼해야 했고, 성적으로 문제가 있는 사람은 제사장이 될 수 없었습니다. 그런데 오늘 말씀에 나오는 이 레위인은 아무 책임 없이 불장난 같은 짓을 하고 있었습니다. 그에게 어떤 일이 일어났습니까? "그 첩이 행음하고 남편을 떠나 유다 베들레헴 그 아비의 집에 돌아가서 거기서 넉 달의 날을 보내매"(19:2).

 이 첩도 정상적인 여자는 아니었던 것 같습니다. 그래서 레위인의 첩으로 있으면서 또 다른 남자와 놀아나다가 무슨 이유에서인지 자기 아버지 집으로 돌아가 버렸습니다. 이 불륜의 문제로 심하게 다투었기 때문인지, 또는 레위인의 생활이 어려워서 생활고 때문에 돌아가 버린 것인지는 알 수 없습니다. 문제는 이 레위인이 첩을 잊지 못해서 그를 찾으러 유다 베들레헴까지 찾아갔다는 것입니다.

 레위인이 첩을 두었다는 것 자체가 이미 정상적인 일이 아닙니다. 그런데 그 첩이 다른 남자와 행음까지 하고 자기 집으로 돌아가 버렸다면 어떻게 해야 마땅합니까? 하나님이 이 정상적이지 못한 관계를 기뻐하지 않으셔서 그 여자를 떼어 보내신 것으로 생각하고 오히려 감사하면서 새로운 생활을 시작했어야 합니다. 그러나 그는 첩을 포기할 수가 없었습니다.

 죄짓는 생활을 하려고 할 때 예기치 못한 일이 생겨서 그 죄를 방해한다면, 그것은 하나님이 간섭하시는 것입니다. 그럴 때 얼른 포기해야지, '사람이 뜻을 세웠으면 한 번이라도 실천해 봐야 한다' 면서 부득부득 죄를 짓는 것은 굉장히 악한 태도입니다. 우리는 세상에 워낙 사람들이 많으니만큼 나 하나의 행동쯤이야 하나님도 모르실 거라고 생각하기 쉽습니다. 그러나 하나님은 우리가 생각하는 것보다 훨씬 더 세심하게 우리의 일거수일투족을 지켜보고 계십니다. 그는 우리를 너무나 사랑하셔서 우리가 죄에 빠지려 하거나 죄에 빠져 있을 때, 우리의 걸음을 막아 건져 내고자 하십니다.

그러나 이 레위인은 하나님을 별로 사랑하지 않았습니다. 그가 진정으로 하나님을 사랑했다면 이렇게 무책임한 남녀 관계를 맺지도 않았을 것이고, 더구나 도망간 여자를 찾아가지도 않았을 것입니다. 하나님이 이 세상에서 가장 중요하게 생각하시는 것이 바로 남녀 관계입니다. 하나님은 남녀의 성(性)에 자신의 형상을 새겨 놓으셨습니다. 그래서 하나님을 사랑하는 사람은 반드시 책임 있는 이성 관계를 맺게 되어 있습니다. 그런데 이 레위인이 하나님을 섬긴다고 하면서도 첩을 둔 것을 보면, 겉모습은 성직자였지만 사생활은 대단히 문란했다는 것을 알 수 있습니다.

레위인은 하나님을 사랑하지 않았지만 하나님은 레위인을 사랑하셔서 여자와 떨어지게 하셨습니다. 여자를 그 아버지 집으로 보내심으로써 레위인으로서 온전한 사명을 감당하며 바른 생활로 돌아갈 수 있는 기회를 주신 것입니다. 그렇다면 자신의 좋지 못한 과거를 깨끗이 청산하고 하나님을 바로 섬기는 생활로 돌아왔어야 마땅하지 않습니까? 그러나 레위인은 그 여자를 잊지 못해서 유다 베들레헴까지 찾아 나섰습니다.

첩 장인의 환대

교회에 다니지 않던 사람들이 교회에 나와 처음 듣게 되는 대단히 어려운 말이 하나 있습니다. 그것은 '회개'입니다. 처음 교회에 오면 목사들이 "회개하라"고 외치는데, 이것을 '회계하라'로 잘못 듣고 무슨 장부를 정리하라는 말인가 보다 오해하는 이들이 가끔 있습니다. 또 그런 오해까지는 하지 않는다 해도 눈물을 흘리면서 자기가 지은 죄에 대해 고백하는 것을 회개라고 생각하는 사람들이 많이 있습니다.

그러나 회개란 자신의 삶에서 하나님이 기뻐하지 않는 것들을 버리고 삶을 바꾸기로 결단하는 것입니다. 예를 들어 레위인처럼 첩을 데리고 살고 있다면, 첩에게 먹고 살 것을 주어서 집으로 돌려보내는 것이 회개입니다. 다른 사람의 돈으로 흥청망청 살고 있다면, 그 빚을 다 갚고 가난하게 새로 출발하는 것이 회개입니다. 남의 남자와 잘못된 관계를 맺고 있다면, 그 관계를 깨끗이 청산하는 것이 회개입니다.

그런데 이 레위인은 다른 사람에게 회개를 가르쳐야 할 자리에 있었음에도 불구하고 자기 자신이 첩을 포기하지 못해서 베들레헴까지 찾아갔습니다. 그는 죄짓는 생활을 도로 찾기 위해 상당한 비용까지 지불했습니다. "그 남편이 그 여자에게 다정히 말하고 그를 데려오고자 하여 하인 하나와 나귀 두 필을 데리고 그에게로 가매 여자가 그를 인도하여 아비의 집에 들어가니 그 여자의 아비가 그를 보고 환영하니라"(19:3). 이처럼 하인 하나와 나귀 두 필까지 준비하여 먼 길을 떠난 것은 어떻게 해서든지 이 여자를 데려오고야 말겠다는 그의 의지를 보여 줍니다. 여기에서 "그 여자에게 다정히 말하고 그를 데려오고자 하여"라는 것은 그를 책망하거나 바로잡기보다는 어떻게 해서든지 잘 구슬려서 자기 욕망을 채울 마음을 먹었다는 뜻입니다.

장인은 레위인을 아주 환영했습니다. 그는 무려 3일 동안 거의 잔치에 가까운 환대를 받았고, 그 후에도 이틀이나 더 붙들려 대접을 받았습니다. "그 첩 장인 곧 여자의 아비가 그를 머물리매 그가 3일을 그와 함께 거하며 먹고 마시며 거기서 유숙하다가 나흘 만에 일찍이 일어나 떠나고자 하매 여자의 아비가 그 사위에게 이르되 '떡을 조금 먹어 그대의 기력을 도운 후에 그대의 길을 행하라.' 두 사람이 앉아서 함께 먹고 마시매 여자의 아비가 그 사람에게 이르되 '청하노니 이 밤을 여기서 유숙하여 그대의 마음을 즐겁게 하라.' 그 사람이 일어나서 가고자 하되 첩 장인의 간청으로 다시 유숙하더니"(19:4-7).

첩 장인이 레위인을 이토록 환대한 이유가 무엇일까요? 그것은 이 사위를 좋아해서가 아니라, 자기 딸의 행실이 온전치 못했기 때문입니다. 율법에는 여자가 부정을 저질렀을 때 누군가 문제를 삼으면 돌로 쳐서 죽이게 되어 있었습니다. 아마도 장인은 레위인이 딸의 부정을 문제 삼으려고 온 것은 아닐까 생각했던 것 같습니다. 물론 레위인은 그의 부정을 문제 삼기는커녕 그를 구슬려서 데려가려고 온 것입니다. 그러나 도둑이 제발 저리다고, 장인은 어떻게 해서든지 사위의 기분을 풀어 주려고 3일 동안 계속 음식과 술을 대접했습니다.

레위인은 이런 융숭한 대접에 기분이 좋았을지 모릅니다. 그러나 이것은 그를 단단히 잡아매는 죄의 줄이었습니다. 그는 이런 대접을 받음으로써 여자를 포기할 수 있는 마지막 기회마저 놓치고 말았습니다.

레위인은 3일 후에 떠나려 했습니다. 그러나 장인은 또 음식을 먹고 가라고 그를 붙들었고, 오후가 되자 하룻밤 더 자고 다음 날 아침에 가라고 또 붙들었습니다. 장인의 작전은 이런 것이었습니다. 아침에는 "어떻게 이렇게 이른 아침에 떠나려고 하나? 빈속으로 가다가 쓰러질라" 하면서 음식을 먹고 가라고 합니다. 그래서 음식을 먹느라 시간을 보내고 나면 "어떻게 이 저녁에 길을 떠나겠나? 푹 자고 내일 아침에 상쾌하게 떠나지" 하면서 붙듭니다.

첩 장인이 이런 식으로 하루하루 사위를 붙든 이유가 무엇일까요? 아예 에브라임으로 돌아가지 못하게 만들어서 자기 집에 주저앉히려고 한 것일까요? 그랬던 것 같지는 않습니다. 아마 그는 이번 기회에 사위를 아주 후대해서 자기 집에 조금이라도 좋지 않은 감정을 갖지 않게 하려 했던 것 같습니다. 딸의 행실도 온전치 못하고 지참금을 많이 줄 처지도 못되니까, 그럼에도 불구하고 딸을 잘 데리고 있어 달라는 뜻에서 이렇게 후대한 것이 아닌가 합니다.

그런데 다섯째 날이 되자, 이미 저녁이 되었는데도 레위인은 더 이상 머물지 않고 첩과 함께 떠나려고 길을 나섰습니다. "다섯째 날 아침에 일찍이 일어나 떠나고자 하매 여자의 아비가 이르되 '청하노니 그대의 기력을 돕고 해가 기울도록 머물라' 하므로 두 사람이 함께 먹고 그 사람이 첩과 하인으로 더불어 일어나 떠나고자 하매 그 첩 장인 곧 여자의 아비가 그에게 이르되 '보라, 이제 해가 저물어 가니 청컨대 이 밤도 유숙하라. 보라, 해가 기울었느니라. 그대는 여기서 유숙하여 그대의 마음을 즐겁게 하고 내일 일찍이 그대의 길을 행하여 그대의 집으로 돌아가라.' 그 사람이 다시 밤을 지내고자 아니하여 일어나 떠나서 여부스 맞은편에 이르렀으니 여부스는 곧 예루살렘이라. 안장 지운 나귀 둘과 첩이 그와 함께하였더라"(19:8-10).

왜 이 레위인은 더 이상 체류하지 않고 다섯째 날 오후에 떠나기로 작정했을까요? 가장 유력한 해석은 안식일을 지키기 위해서라는 것입니다. 여섯째 날 저녁부터는 안식일이 시작되는데, 레위인에게는 안식일에 에브라임 산지에서 해야 할 일들이 있었을 것입니다.

예를 들면 목회자가 아무리 먼 곳에 갔다 해도 토요일 오후까지는 집에 돌아와야 주일에 봉사할 수 있는 것과 같습니다. 그렇다고 레위인이 무슨 신념이나 사명감 때문에 돌아가려 했던 것 같지는 않습니다. 마음으로는 더 있고 싶었지만 안식일을 빼먹으면 다른 사람들에게 표시가 나니까 할 수 없이 맛있는 술과 안주를 뒤에 두고 떨어지지 않는 발걸음을 옮겼을 것입니다.

  우리가 이 사람에게서 보게 되는 것이 무엇입니까? 겉으로는 자기 임무에 굉장히 충실한 사람 같습니다. 먼 곳에 가 있었음에도 불구하고 자신의 사명을 다하기 위해 유혹을 뿌리치고 길을 떠났기 때문입니다. 그러나 그는 말과 행동이 다른 위선적인 사람이었습니다. 다른 사람들이 보기에는 자기 임무를 잘 수행하는 것 같았지만 실생활은 음란과 방탕으로 가득 차 있었습니다. 그는 안식일만 아니라면 몇 달 아니라 몇 년이라도 장인 집에 눌러 앉아 있을 사람이었습니다. 예배만 없다면 아예 허리띠를 풀어놓고 정신없이 먹고 마실 사람이었어요.

  이 사람이 다섯째 날에 결단하고 그 집을 떠난 것은 첩 장인의 유혹을 벗어나기 위한 결단이 아니었습니다. 마음으로는 더 있고 싶었지만 레위인으로서 맡은 예배 순서가 있었기 때문에 마지 못해서 일어난 것일 뿐입니다. 아마 다른 사람들은 그의 도덕적 타락을 눈치채지 못했을 것입니다. 그러나 그를 따라갔던 하인과 나귀들은 그가 얼마나 위선적인 사람인지 알고 있었을 것입니다.

위기가 발생하다

첩 장인의 집이 있는 유다 베들레헴은 남쪽에 있었습니다. 그리고 레위인이 살고 있는 에브라임 산지는 북쪽에 있었습니다. 이것은 하루에 가기에는 좀 먼 거리였습니다. 베들레헴에서 에브라임으로 올라가는 중간에 예루살렘이 있었고, 그 위에는 베냐민 지파에 속한 기브아와 라마가 길을 사이에 두고 마주 보고 있었습니다.

워낙 늦게 출발한 레위인 일행은 베들레헴에서 떠난 지 얼마 되지 않아 저녁을 맞이했습니다. "그들이 여부스에 가까웠을 때에 해가 지려 하는지라. 종이 주인에게 이르되 '청컨대 우리가 돌이켜 여부스 사람의 이 성읍에 들어가서 유숙하사이다.' 주인이 그에게 이르되 '우리가 돌이켜 이스라엘 자손에게 속하지 아니한 외인의 성읍으로 들어갈 것이 아니니 기브아로 나아가리라' 하고 또 그 종에게 이르되 '우리가 기브아나 라마 중 한 곳에 나아가 거기서 유숙하자' 하고 모두 앞으로 행하더니 베냐민에 속한 기브아에 가까이 이르러는 해가 진지라. 기브아에 가서 유숙하려고 그리로 돌이켜 들어가서 성읍 거리에 앉았으나 그를 집으로 영접하여 유숙케 하는 자가 없었더라"(19:11-15).

"여부스"는 예루살렘의 옛 지명입니다. 그 당시만 해도 이스라엘 백성들이 여부스 족을 몰아내지 못한 때였기 때문에 이들이 예루살렘을 차지하고 있었습니다. 여부스 족이 이스라엘 백성들에게 쫓겨

난 것은 다윗 때입니다.

  레위인의 종은 날이 어두워 가니까 여부스에 들어가서 유숙하자고 했습니다. 그러나 레위인은 이방 족속에게로 갔다가 무슨 봉변이라도 당할까 봐 두려웠습니다. 그래서 기왕 유숙해야 한다면 동족인 이스라엘 백성들을 찾아가 안전하게 밤을 보내는 것이 좋겠다고 하면서, 조금 더 걸어가면 베냐민 지파에 속한 기브아가 나오니 거기서 유숙하자고 했습니다.

  기브아에 도착했을 때에는 이미 해가 져 있었습니다. 그들은 아무 집에서나 자려고 했지만 그들을 영접해 주는 사람이 아무도 없었습니다. 그들은 좀더 안전한 곳을 찾아 같은 이스라엘 백성의 마을을 찾아왔지만, 사실은 제발로 사자굴을 찾아온 것이나 다름이 없었습니다. 레위인 일행은 왜 이곳 사람들이 자신들을 영접하지 않았는지 몰랐을 것입니다. 그냥 인심이 좀 좋지 않다고만 생각했겠지요. 그러나 사실은 그것이 아니었습니다. 기브아 주민들은 누구든지 새로운 사람을 집으로 데려가면 엄청난 봉변을 당하게 된다는 것을 알았기 때문에 이들을 집으로 영접하지 않은 것입니다.

  기브아는 소돔이나 고모라와 하나도 다를 바가 없는 곳이었습니다. 거기에는 동성연애자들이 우글거리고 있었습니다. 그들은 숨어서 동성애를 즐기는 것이 아니라 아예 내놓고 밤마다 몰려다녔을 뿐 아니라 새로운 사람이 오면 반드시 성폭행하는 것을 관습으로 삼고 있었습니다. 대개 동성애는 감옥 같은 곳에서 성행하기 쉽습니다. 오랫동안 여자를 가까이할 수 없는 죄수들이 동성애를 통해 성욕을 해소하려 하기 때문입니다. 아마 외국 교도소에서 새로 온 신참자들을 집단적으로 성폭행했다는 식의 이야기들을 들어 본 적이 있을 것입니다. 기브아는 바로 그런 감옥과 같은 곳이었습니다.

성경이 기브아 사람들의 타락을 이야기하기 전에 한 레위인의 아름답지 못한 사생활부터 길게 설명하고 있는 이유는 무엇일까요? 도대체 무슨 의도로 기브아 사람들의 천인공노할 범죄 행위에 대해 말하기 전에 레위인과 그 첩 이야기부터 레위인이 첩 장인에게 환대받은 이야기까지 길게 기록하고 있는 것입니까?

레위인의 사생활은 그 한 사람의 문제로 끝나는 것이 아니기 때문입니다. 레위인이 이 정도의 윤리의식을 가지고 살았을 정도라면 다른 이스라엘 백성들의 수준은 확인해 보나 마나입니다. 이 레위인은 다른 사람과 불륜을 저지른 첩을 포기하지 못하는 자신의 상태가 곧 이스라엘 백성 전체의 영적 상태를 대표한다는 것을 몰랐습니다. 그의 도덕성은 이스라엘 백성 전체의 도덕성을 나타내는 지표였습니다.

그는 자기의 직분을 버리지 않았고 안식일에 맡은 일을 감당하기 위해 열심히 집으로 돌아가려 했습니다. 그러나 그의 사생활은 이미 한계선을 넘어섰을 뿐 아니라 회개의 기미 또한 전혀 없었습니다. 이처럼 레위인이 첩을 두고 살 정도라면, 부정을 저지르고 도망간 첩을 쫓아가 다시 데려올 정도라면, 다른 이스라엘 사람들의 도덕적인 상태는 이미 갈 데까지 다 갔다고 보아야 합니다. 다른 사람들이 그의 사생활을 아느냐 모르느냐는 중요하지 않습니다. 레위인은 하나님을 섬기는 자로서 그 일을 위해 다른 모든 욕망을 포기해야 했습니다. 그러나 그는 하나님을 섬기는 일과 자기 욕망을 별개의 것으로 생각했습니다.

오늘날도 마찬가지입니다. 신약 교회에서 어디까지를 구약 레위인의 범주에 포함시킬 수 있을지는 잘 모르겠습니다. 그러나 믿는 사람들이나 직분자들의 도덕성이 그 사람 개인의 문제에 그치지 않는다는 것만큼은 분명합니다. 예수를 믿는 사람이, 더구나 직분을 가지고 있는 사람이 하나님의 율법을 공공연히 깨뜨리고 자기 욕망에 따라 산다면, 믿지 않는 사람들의 삶은 들여다볼 필요조차 없습니다.

저는 이 말씀을 보면서, 목회자로서 나의 도덕성은 어떠한가에 대해 깊이 생각해 보았습니다. 사실 이 말씀을 보기 전까지는 저 자신의 도덕성을 믿지 않는 자들의 도덕성과 연관시켜 생각해 본 적이 별로 없었습니다. 물론 머리로는 알고 있었지만, 오늘 말씀에 나타나는 정도까지 직접 연관된다는 생각은 별로 하지 못했습니다.

사실 저에게 가장 문제가 되는 부분은 텔레비전을 보는 것입니다. 평소에는 텔레비전을 거의 보지 않습니다만, 가끔은 그냥 보는 정도가 아니라 아주 집착할 때가 있습니다. 그럴 때는 대개 아주 지치고 피곤할 때입니다. 지치고 피곤하면 책을 읽을 수도 없고 무슨 생각을 할 수도 없습니다. 그러니까 시간을 때우기에 가장 좋은 방법이 텔레비전을 보는 것입니다. 그런데 그렇게 한번 텔레비전을 보고 나면 영성이 말할 수 없을 정도로 추락하는 것을 느끼곤 했습니다. 텔레비전을 보면 자꾸 나쁜 생각을 하게 되고, 그러면 마음이 형편없이 황폐해졌습니다. 그런데도 제 속에는 '나도 인간인데 왜 다른 사람들처럼 텔레비전을 보면서 즐기면 안 된다는 거냐? 나도 텔레비전 볼 권리가 있다'고 항변하는 마음이 있었습니다.

어느 날 저는 스스로에게 질문해 보았습니다. '왜 남한테는 괜찮은 일이 나한테는 이렇게 문제가 될까?' 그 답은 말씀에서 나왔습니다. 말씀을 전하는 자는 그 말씀을 위해 다른 사람들에게는 전혀 문제 되지 않는 일도 해서는 안 되는 경우가 있습니다. 말씀을 전하는 자는 하나님을 가장 가까운 곳에서 섬기는 자입니다. 따라서 다른 사람에 비해 할 수 없는 일이 많은 것이 당연합니다. 그의 도덕성이 떨어진다면 다른 사람들의 도덕성은 볼 필요조차 없습니다. 이 생각을 하니 기가 막혔습니다. '나는 왜 진작 이것을 몰랐을까! 왜 진작 하나님 앞에 더 거룩한 열정을 갖지 못하고, 그때그때 겨우겨우 설교하는 수준에 머물렀을까! 도대체 내가 이 레위인과 다른 것이 뭐란 말인가!'라는 생각에 너무나 가슴이 아프고 원통했습니다.

레위인은 하나님을 섬기는 사람입니다. 하나님을 섬기는 사람은 할 수 없는 일이 많습니다. 그러나 그것을 억울하게 생각하면 안 됩니다. 그것을 억울하게 생각하면 이스라엘 백성들을 지킬 수가 없습니다.

전에도 말했듯이 저의 지난 삶에는 므리바 반석이 참으로 많았습니다. 조금만 참으면 생수의 역사가 터지는데, 조금만 인내하면 하나님의 큰 구원의 역사를 체험할 수 있는데, 왜 그처럼 하나님을 원망하고 대적하면서 그분의 마음을 아프게 했는지 모르겠습니다. 목회자인 저의 삶이 이러할 때 일반 교인들의 생활은 어떻겠는가를 생각하면 정말 가슴이 아픕니다.

목회자나 교회에서 직분을 맡은 사람들의 도덕성은 여느 교인들이나 믿지 않는 세상 사람들이 가지고 있는 도덕적 수준을 드러내 주는 바로미터입니다. 레위인은 하나님을 섬기는 사람으로서 남들보다 더 성결해야 했습니다. 하나님을 섬긴다는 바로 그 하나의 이유만으로도 남들과 구분되는 삶을 살아야 했습니다. 그러나 그는 자신이 이런 희생을 치르려 하지 않을 때, 다른 이스라엘 백성들은 얼마나 더 정욕에 빠져 살게 되며 결국 자기 자신에게도 피해가 되어 돌아오는지 전혀 생각지 못했습니다.

교회에서 직분을 맡은 자들은 다 레위인입니다. 예배를 돕는 자들은 다 레위인입니다. 대표기도 하는 사람, 헌금을 맡은 사람, 찬양대를 하는 사람, 안내하는 사람, 모두 레위인입니다. 그 중에는 이런 순서를 감당하기 위해 먼 곳에서 새벽부터 달려오는 분들도 있을 것입니다. 그러나 하나님은 겉으로 드러난 그 부분 외의 것을 질문하십니다. "너는 너의 욕망에 대해 어떤 결단을 내렸느냐? 네가 가지고 있는 부정한 돈에 대해, 부정한 이성 관계에 대해, 좋지 못한 습관에 대해 어떤 결단을 내렸느냐?"라고 질문하십니다. 혹시 밤늦도록 음란한 비디오를 보다가 교회에 오는 일은 없습니까? 친구들과 어울려서 밤새 고스톱 하고 포커게임 하다가 맑지 못한 정신으로 간신히 예배드리러 오지는 않습니까? 거래처 사람에게 저녁 늦게까지 음식 대접받고 술 대접받고 노래방까지 2차, 3차 끌려 다니다가 아침에 겨우 일어나 찬양대에 서지는 않습니까?

이 레위인의 죄는 잘 드러나지 않았습니다. 다른 사람이 이 정도의 생활을 했다면 소문이 나도 벌써 났을 것입니다. 그러나 레위인은 이런 것이 죄라는 것을 알았기 때문에 소문나지 않게 죄를 지을 수 있었습니다. 그는 안식일을 정확하게 지킵니다. 자기 순서가 되면 딱 나타나요. 거의 완전범죄라고 할 수 있습니다. 그러나 완전범죄일수록 나중에 문제가 터지면 더 수습이 안 되는 법입니다. 직분자의 타락은 일반인들의 타락을 보여 주는 지표입니다. 성실해 보이는 레위인의 사생활이 이정도라면 이스라엘 사회는 이미 갈 데까지 다 갔다고 보아야 합니다.

우리 사회에도 이미 목회자들의 성적 타락에 대한 이야기들이 많이 나오고 있습니다. 그리고 굵직굵직한 사건마다 장로나 집사가 개입되어 있는 것을 볼 수 있습니다. 그래서 사람들이 "집사도 못 믿지만 장로는 더 못 믿는다"고 합니다. 이것은 우리 사회가 이미 갈 데까지 갔다는 뜻입니다. 목사나 장로나 집사의 수준이 그 정도라면 우리 사회 구석구석은 눈 뜨고 볼 수 없을 정도로 썩어 있는 것입니다.

왜 우리는 자기 정욕대로, 자기 생각대로 살면 안 됩니까? 다른 사람들은 다 자기 마음대로 집 바꾸고 사업하고 공부하는데, 왜 우리는 그렇게 하면 안 됩니까? 이 사회가 죽느냐 사느냐 하는 문제가 바로 우리에게 달려 있기 때문입니다. 우리가 정신을 차리지 않으면 우리나라는 곧바로 소돔과 고모라처럼 멸망하고 말 것입니다. 우리 사회는 이미 소돔과 고모라가 되어 버렸습니다. 오늘 우리는 우리 자신의 욕망과 사생결단하고 투쟁해야만 합니다. 그렇게 하지 않으면 먼저 우리 자신이 그 피해를 입게 될 것이며 우리 자녀들도 피해를 입게 될 것입니다. 그리고 결국은 하나님의 큰 진노의 심판을 불러오게 될 것입니다.

사도 바울이 "그러므로 만일 식물이 내 형제로 실족케 하면 나는 영원히 고기를 먹지 아니하여 내 형제를 실족치 않게 하리라"(고전 8:13)고 한 것은 굉장히 깊은 마음의 결단에서 나온 말입니다. 저도 한 가지 결심을 했습니다. 그것은 하나님의 말씀을 위해서라면 영구히 텔레비전이나 영화를 보지 않겠다는 것입니다. 텔레비전이나 영화 때문에 저의 영성에 지장이 오고, 그것 때문에 하나님이 우리나라 교인들과 일반인들에게 진노하시게 된다면 죽을 때까지 보지 않기로 결심했습니다. 물론 다른 분들은 텔레비전을 볼 수도 있고 영화를 볼 수도 있습니다. 그러나 적어도 저에게는 이것이 심각한 문제가 되기 때문에 버리기로 결심한 것입니다.

이 나라를 살리기 위해 필요한 것은 큰 것이 아닙니다. 이 나라에 필요한 것은 우리 믿는 사람들의 작은 결단입니다. 예수 믿는 우리가 왜 다른 사람들처럼 원하는 대로 살 수 없는지 모르고 있기 때문에 이 사회가 갈 데까지 다 가 버린 것입니다. 왜 우리는 술을 마시면 안 되는지, 왜 2차, 3차 끌려 다니면 안 되는지, 왜 성적인 문제에 그토록 많은 제약을 받아야 하는지 모르고 있기 때문에 사회가 이처럼 타락해 버린 것입니다.

오늘 우리의 중심을 가르고, 우리 안에 숨겨져 있던 죄를 드러냅시다. 단순히 자기 모습을 슬퍼하고 유감스럽게 생각하는 데 그쳐서는 안 됩니다. 내가 여기에서 양보해 버린다면 우리 가족이 망하고 우리 민족이 망한다는 생각으로, 왜 내가 남들보다 더 참아야 하며 하나님을 더 뜨겁게 사랑해야 하는지에 대한 절실한 깨달음으로, 죄가 주는 달콤한 맛을 오늘 이 자리에서 끊어 버리기로 결단해야 합니다. 다른 사람이 내 결심을 들으면 "그런 것이 무슨 죄가 된다고 그러냐? 너무 유치하다"면서 비웃을지도 모릅니다. 그러나 하나님은 나의 작은 결단을 번제로 받으시고, 그 결단을 통해 나의 가족과 민족을 살리실 것입니다.

사도 바울처럼 하나님을 섬기는 자로서 나 자신의 영성과 다른 이들의 영혼을 위해 영원히 포기해야 할 작은 것이 무엇입니까? 오늘 그것을 포기하는 결단이 우리 가운데 있기를 바랍니다.

5
또 하나의 소돔 성

> ······ "그 성읍의 비류들이 그 집을 에워싸고 문을 두들기며 집주인 노인에게 말하여 가로되 "네 집에 들어온 사람을 끌어내라. 우리가 그를 상관하리라" ······
>
> 사사기 19:16-30

　소돔과 고모라는 너무나도 극악한 죄를 지어서 유황불로 멸망한 도시들입니다. '소돔과 고모라' 하면 대개 어떤 곳이 연상됩니까? 아마도 전체 조명은 불그스름하고, 사람들마다 술이나 마약에 취해 있으며, 거의 벌거벗은 남녀가 밤낮없이 껴안고 다니는 곳이 떠오를 것입니다. 이처럼 우리 머릿속에 있는 소돔과 고모라는 삼류 카바레의 분위기와 비슷합니다.

　그런데 의외로 소돔과 고모라는 가나안 땅에서 가장 아름다운 곳이었고, 낮에 보면 이상할 데가 하나도 없는 곳이었습니다. 사람들은 다른 성 사람들과 똑같이 장사를 하거나 밭에 나가 일을 하면서 지극히 정상적인 생활을 했습니다. 그런데 문제는 밤이었습니다. 밤만 되면 자신의 욕망을 전혀 통제하지 않고 마음껏 분출하는 일들이 벌어졌습니다.

첩을 찾아 돌아오던 레위인은 밤을 보내기 위해 이스라엘 백성들의 성인 기브아를 찾아갔습니다. 기브아는 겉으로 보기에는 전혀 이상할 데가 없었습니다. 그러나 그곳은 바로 이스라엘판 소돔이었습니다. 아무것도 모르는 레위인은 가장 안전한 곳인 줄 알고 기브아를 찾아갔지만, 그것은 마치 제 발로 호랑이 굴을 찾아 들어간 것과 같은 일이었습니다.

오늘 우리도 우리가 사는 곳이 과연 어떤 곳인지 알 필요가 있습니다. 그리고 우리의 삶에 이런 끔찍한 일이 일어나지 않게 하려면 어떻게 해야 하는지 말씀을 통해 살펴볼 필요가 있습니다.

기브아에서 생긴 일

자신의 첩을 도로 찾아 에브라임으로 돌아가던 레위인은 신변의 안전을 위해 일부러 여부스 족속들의 성을 피해 이스라엘 사람들의 성인 기브아를 찾아갔습니다. 그런데 막상 기브아에 가 보니 아무도 영접해 주는 사람이 없었습니다. "기브아에 가서 유숙하려고 그리로 돌이켜 들어가서 성읍 거리에 앉았으나 그를 집으로 영접하여 유숙케 하는 자가 없었더라"(19:15).

이스라엘 백성들에게 가장 아름다운 미덕은 손님을 대접하는 것이었습니다. 그들은 조상 아브라함이 누구인지도 모르는 손님 세 사람을 영접했다가 하나님과 천사들을 만나게 된 일을 잘 알고 있었습니다. 그뿐만이 아닙니다. 소돔 성에 있던 아브라함의 조카 롯도 누구인지 모르는 두 나그네를 영접했다가 천사를 만나게 되었고, 결국 그 일 때문에 온 가정이 구원받았습니다. 그래서 이스라엘 백성들의 마음속에는 '손님을 대접하는 것은 대단히 아름다운 일이다. 우리도 손님을 대접하다가 천사를 만날 수 있다'는 기대감이 있었습니다.

그런데 이상하게도 기브아에는 저녁이 다 되어 성을 찾아온 나그네를 영접하는 사람이 아무도 없었습니다. 레위인 일행은 아예 성읍 거리에 주저앉아 도움을 기다렸습니다. 마침내 밭에서 일하고 돌아오던 한 노인이 이들을 발견했습니다. "이미 저물매 한 노인이 밭에서 일하다가 돌아오니 그 사람은 본래 에브라임 산지 사람으로서 기브아에 우거하는 자요 그곳 사람들은 베냐민 사람이더라. 노인이 눈을 들어 성읍 거리에 행객이 있는 것을 본지라. 노인이 묻되 '그대는 어디로 가며 어디서 왔느뇨?' 그가 그에게 이르되 '우리는 유다 베들레헴에서 에브라임 산지 구석으로 가나이다. 나는 그곳 사람으로서 유다 베들레헴에 갔다가 이제 여호와의 집으로 가는 중인데 나를 자기 집으로 영접하는 사람이 없나이다. 우리에게는 나귀들에게 먹일 짚과 보리가 있고 나와 당신의 여종과 당신의 종 우리들과 함께한 소년의 먹을 양식과 포도주가 있어 무엇이든지 부족함이 없나이다.' 노인이 가로되 '그대는 안심하라. 그대의 모든 쓸 것은 나의 담책이니 거리에서는 자지 말라' 하고 그를 데리고 자기 집에 들어가서 나귀에게 먹이니 그들이 발을 씻고 먹고 마시니라" (19:16-21).

죄악의 도시 기브아는 겉으로 보기에는 특별할 것이 하나도 없었습니다. 단지 사람들의 인심이 좀 야박해 보였을 뿐입니다. 레위인은 자기 일행의 수가 많고 짐승도 두 마리나 되기 때문에 사람들이 부담스러워하는 줄 알고, 노인이 묻지도 않은 것까지 대답했습니다. 즉 자기들은 가진 것이 넉넉해서 다른 폐는 끼치지 않을 테니 잠만 재워 달라는 것입니다. 결국 그는 이 노인의 도움으로 길에서 자는 신세는 면하게 되었습니다.

그러나 이것은 아주 중대한 실수였습니다. 이곳은 위험하기 짝이 없는 호랑이 굴 속이었기 때문입니다. 만일 그가 기브아가 어떤 곳인지 알았더라면 아무리 밤이 늦었다 하더라도 재빨리 도망쳤을 것입니다. 기브아는 밤을 책임질 수 없는 곳이었습니다. 사람들이 이 나그네를 자기 집으로 청하지 않은 것은, 새로운 사람이 왔을 때 동네 사람들이 어떻게 하는지 알았기 때문이었던 것 같습니다. 괜히 모르는 사람들에게 친절을 베풀었다가 봉변을 당할까 봐 그들은 외부인을 자기 집에 초청하지 않았습니다.

그렇다면 에브라임 산지 출신인 이 노인은 왜 레위인을 자기 집으로 초청했을까요? 노인은 아마도 동네 사정을 잘 몰랐던 것 같습니다. 아무래도 노인인 데다가 에브라임 출신이었기 때문에 베냐민 사람들과는 의사소통이 잘 되지 않았던 것이 아닌가 합니다. 또 귀도 어둡고 밤만 되면 깊이 자니까 밤에 어떤 일이 일어나는지 잘 몰랐을 수도 있습니다. 물론 밤거리가 위험하다는 것 정도는 알았겠지만 구체적으로 어떤 일이 일어나는지는 몰랐을 것입니다. 만약 알았다면 노인이 먼저 이들에게 빨리 떠나라고 했을 것입니다.

레위인은 위험하기 짝이 없는 곳에 들어와 있으면서도 가장 안전한 곳에 있는 것처럼 기분 좋게 발을 씻고 먹고 마셨습니다. "그를 데리고 자기 집에 들어가서 나귀에게 먹이니 그들이 발을 씻고 먹고 마시니라"(19:21). 레위인 일행은 잠시 후에 어떤 일이 일어날지 몰랐습니다. 그래서 노인이 베푼 약간의 친절을 다행스럽게 생각하면서 기분 좋게 시간을 보내고 있었습니다.

이것은 오늘 거의 대부분의 사람들이 처해 있는 상황과 비슷합니다. 사람들은 잠시 후에 자신에게 어떤 일이 일어날지 모르기 때문에, 아주 사소한 것에 만족하면서 먹고 마시며 즐깁니다. 잠시 후에 어떤 비극이 닥칠지 모르기 때문에, 길에서 만 원짜리 한 장 주웠다고 그렇게 기뻐하는 거예요. 만약 이 레위인이 잠시 후에 닥칠 일을 알았더라면 첩을 찾으러 가지도 않았을 것이고, 설사 첩을 찾으러 갔다 해도 기브아에는 절대 들르지 않았을 것입니다.

지난번에 스위스 비행기가 캐나다 상공에서 추락하는 바람에 승

객 전원이 사망한 사건이 있었습니다. 그 비행기가 추락할 줄 알았다면 아무도 거기 타지 않았을 것입니다. 또 얼마 전에는 단풍 구경을 하고 오던 차가 다른 차와 정면충돌하는 바람에 많은 사람들이 죽는 일이 있었습니다. 그 버스에 탄 사람들이 잠시 후에 닥칠 일을 알았더라면 그렇게 기분 좋게 먹고 마시지 못했을 것입니다.

오늘 우리의 삶 곳곳에서 사망의 음침한 골짜기가 입을 벌리고 매 순간 우리를 노리고 있습니다. 우리는 그것을 모르기 때문에 하루 장사가 좀 잘되었다고 기뻐하고, 아이가 좀 좋은 성적을 받아 왔다고 기분 좋아하며 살고 있는 것입니다. 다윗은 요나단에게 "나와 사망의 사이는 한 걸음뿐이니라"(삼상 20:3)고 말했습니다. 한 걸음만 잘못 디디면 자신은 완전히 죽은 목숨이라는 것입니다. 죽음이 단 한 걸음 차이로 계속 자신을 따라오고 있다는 거예요. 실제로 우리는 그가 사울에게 추격을 당할 때 산을 사이에 두고 이쪽저쪽 숨박꼭질하듯이 피해 다녀야 했던 것을 알고 있습니다. 다윗이 내린 결론이 무엇입니까? 유다 안에는 안전한 곳이 없다는 것입니다. 그런데도 그는 사울에게 잡히지 않았습니다. 하나님이 그를 지켜 주셨기 때문입니다.

그렇다면 이 레위인에게 가장 안전한 곳은 어디였을까요? 여부스로 갔으면 안전했을까요? 라마로 갔으면 안전했을까요? 사실 이 세상에는 안전한 곳이 한 군데도 없습니다. 레위인이 깨달았어야 하는 것은 하나님의 말씀에 순종해서 사는 것만이 가장 안전한 길이라는 사실이었습니다.

우리의 삶 주위에는 항상 위험이 도사리고 있고 죽음의 손길이 기다리고 있습니다. 그런데도 우리가 이처럼 안전하게 살고 있는 것은 하나님이 한순간도 놓치지 않고 우리를 지켜 주고 계시기 때문입니다. 만일 하나님이 한순간이라도 그 손을 놓으신다면 우리가 살고 있는 이곳이 당장 소돔이 되고 기브아가 될 것입니다. 내가 타고 있는 비행기가 언제 추락할지 모릅니다. 내가 타고 있는 차가 언제 다른 차와 충돌할지 모릅니다. 악한 자들이 언제 들이닥쳐서 나의 생명을 해칠지 모릅니다. 최근의 범죄 통계에 따르면 전혀 원한 관계가 없는 사람들을 죽이는 사건이 점점 늘어나고 있다고 합니다. 전혀 모르는 사이인데 단지 그 살인범과 같은 자리에 있었기 때문에 죽임을 당하는 것입니다.

우리는 하나님의 은혜가 우리의 삶을 에워싸고 있다는 것을 항상 기억해야 합니다. 마치 눈에 보이지 않는 오존층이 지구를 감싸고 있어서 우리 몸에 해로운 자외선을 차단시키듯이, 하나님의 은혜의 손길이 항상 우리를 붙들고 있습니다. 하나님이 그 손길을 거두시면 당장 재앙이 닥쳐올 것입니다. 우리는 끊임없이 불순종하여 주님의 마음을 아프게 합니다. 그럼에도 불구하고 하나님은 진노 중에서도 우리를 붙들고 계시며 지키고 계십니다.

그런데 이 레위인은 왜 지켜 주시지 않고 악의 소굴 속에 들어가게 하셨을까요? 그 이유를 전부 알 수는 없습니다. 그러나 이 레위인은 자기에게 주어진 책임을 우습게 알고 자기 욕망을 좇아 첩을 찾아갔습니다. 그는 첩이 도망갔을 때 이 죄된 생활을 포기해야 했습니다. 그런데도 포기하지 않고 적극적으로 첩을 찾아 나섰을 때, 하나님은 그를 지켜 주시지 않았습니다.

하나님이 계속 우리를 지키시고, 우리 가족 가운데 믿지 않는 자들을 지키시며, 이 땅을 불쌍히 여기시게 하기 위해서는 어떻게 해야 합니까? 하나님을 섬기는 사람들이 자기 욕망에 선을 그어야 합니다. 하나님을 섬기는 사람들이 무언가 손해보며 희생해야 합니다. 세상 사람들은 다 자기의 유익을 구합니다. 어쩌면 그것이 정상적인 현상일 것입니다. 그러나 하나님의 백성들은 하나님 앞에서 자기 욕망을 포기할 줄 알아야 합니다. 무언가 손해보는 것이 있어야 하고 다른 사람을 위해 희생하는 것이 있어야 합니다.

대가 없는 평화는 없습니다. 이 땅을 평화롭게 유지하기 위해서는 누군가 대가를 치러야 하고 비용을 지불해야 합니다. 누가 그렇게 해야 합니까? 하나님의 백성이 그렇게 해야 합니다. 오늘날 하나님께 예배드리는 시간을 손해보는 시간으로 생각하는 사람들이 많습니다. 그들은 예배드릴 시간에 직장이나 도서관에 가서 조금이라도 더 일하거나 공부하는 편이 더 유익하다고 생각합니다. 그러나 아무도 희생하려고 하지 않을 때 하나님은 이 땅을 붙들고 계시는 손을 놓으실 것입니다. 집안이 평안한 것은 누군가 희생하는 사람이 있기 때문입니다. 교회가 은혜스러운 것도 누군가 희생하는 사람이 있기 때문입니다. 아무도 희생하려 하지 않고 아무도 손해보려 하지 않을 때, 집안이 시끄러워지고 교회가 시끄러워집니다.

오늘 이 예배가 우리 자신을 희생하는 예배가 되기를 바랍니다. 몸만 앉아 있으면 안 됩니다. 정말 내 마음과 내 삶을 드리는 시간이 되어야 합니다. 무언가 하나님 앞에서 손해보고 희생하기로 결심하는 자리가 되어야 합니다. 그렇게 할 때 하나님이 나의 삶을 책임져 주시며 믿지 않는 가족들의 건강을 지켜 주실 것입니다. 예배 드리는 시간을 아까워하지 마십시오. 다른 사람을 위해 돈 쓰는 것을 아까워하지 마십시오. 저마다 자기 권리를 주장하며 자기 욕망대로만 살려고 하면 하나님이 손을 놓으십니다.

또 하나의 소돔 성

오늘 기브아를 보면 소돔과 고모라가 멸망할 때와 어쩌면 그렇게 비슷한지 모릅니다. "그들이 마음을 즐겁게 할 때에 그 성읍의 비류들이 그 집을 에워싸고 문을 두들기며 집주인 노인에게 말하여 가로되 '네 집에 들어온 사람을 끌어내라. 우리가 그를 상관하리라'" (19:22).

밤이 되자 기브아 성의 비류들이 몰려와 노인의 집에 온 남자를 끌어내라고 소리쳤습니다. 자신들이 그들을 '상관해야겠다'는 것입니다. 이것은 요즘 표현으로 '재미 좀 보겠다'는 말과 같습니다. 즉 남자가 남자와 성관계를 갖겠다는 뜻입니다.

고참자가 신참자를 괴롭히거나 성적으로 학대하는 일은 군대나 교도소처럼 지극히 폐쇄된 곳에서나 일어나는 일입니다. 무슨 짓을 저질러도 밖으로 새 나갈 염려가 없는 이런 곳에서는 신참자를 폭행하거나 성적으로 추행하여 자기 욕망을 채우는 일이 가끔 일어납니다. 그러나 일반 도시에서는 이런 일이 흔히 일어나지 않습니다. 물론 호젓한 밤거리를 가다가 깡패나 나쁜 사람들에게 봉변을 당하는 경우는 있어도, 이렇게 집단으로 몰려가 집 안에 있는 사람을 내놓으라고 하는 경우는 흔치 않습니다.

노인이 이 폭도들에게 대응한 방식은 소돔에서 롯이 대응한 방식과 똑같았습니다. "집주인 그 사람이 그들에게로 나와서 이르되 '아니라, 내 형제들아, 청하노니 악을 행치 말라. 이 사람이 내 집에 들었으니 이런 망령된 일을 행치 말라. 보라, 여기 내 처녀 딸과 이 사람의 첩이 있은즉 내가 그들을 끌어내리니 너희가 그들을 욕보이든지 어찌하든지 임의로 하되 오직 이 사람에게는 이런 망령된 일을 행치 말라' 하나"(19:23-24).

천사들이 소돔 성을 멸망시키기 위해 갔을 때, 그 성 사람들도 롯의 집에 몰려가 손님들을 내놓으라고 소리치면서 그들을 상관해야겠다고 했습니다. 그때 롯은 결혼하지 않은 두 딸을 내줄 테니 자기 손님은 건드리지 말라고 했습니다. 이것을 보면 그 당시 사람들이 여성의 인격을 어느 정도로 취급했는지 짐작할 수 있습니다. 그들에게 여성은 얼마든지 가질 수도 있고 버릴 수도 있는 노리개 같은 존재였던 것 같습니다.

악한 자들과 부딪치면 그들과 타협해 버리고 싶을 때가 많습니다. 예를 들어 누군가 자꾸 협박하고 괴롭히면 적당히 돈을 주고 무마하고 싶은 마음이 듭니다. 그러나 이것은 악으로 악을 해결하려는 태도로서, 마치 불을 끄기 위해 기름을 붓는 것과 같습니다. 만약 테러단이 식구를 잡아갔다면 달라는 대로 돈을 주고 빼내 와야 합니까, 아니면 죽게 내버려 두어야 합니까? 우리는 돈을 줄 수도 없고 식구가 죽도록 내버려 둘 수도 없습니다. 그럴 때는 어떻게 해서든지 시간을 끄는 것이 중요합니다. 악한 자들은 극도로 흥분되어 있는 상태이기 때문에 제정신이 아닙니다. 그럴 때 맞붙어 봐야 좋을 것이 없습니다.

악과 싸울 때에는 뱀처럼 지혜로워야 합니다. 예를 들어 밖에서 막 나오라고 소리지르고 있을 때 화장실에 가고 싶다고 하면서 시간을 끌거나, 자신이 레위인이라는 사실을 밝히면서 좀 세게 나갔다면 어떻게 되었을까요? "그래, 얼마든지 나가서 상대해 주지. 그런데 일단 화장실부터 가야겠어. 시간이 걸려도 기다려. 변비가 좀 있어서 말이야. 하지만 내가 레위인이라는 건 알아 둬야 할 거야. 레위인을 잘못 건드리면 하나님이 과연 어떻게 하실까? 난 괜찮지만 너희가 영 걱정이네."

그런데 이들은 어리석게도 여자 이야기를 꺼내고 있습니다. 노인의 딸이나 레위인의 첩을 내줄 테니 마음대로 하라는 것입니다. 이것은 문제를 해결하는 데 전혀 도움이 되지 않을 뿐 아니라 오히려 깡패들을 더 날뛰게 만드는 말이었습니다.

소돔 때에는 소돔 사람들과 협상하려는 롯을 천사가 끌어들인 후, 밖에 있는 사람들의 눈을 멀게 했습니다. 그러나 불행히도 기브아의 노인을 찾아온 사람은 천사가 아니었습니다. 그는 밖에 있는 사람들의 눈을 멀게 할 능력이 없었습니다.

가장 좋은 것은 이런 악한 꼴을 당하지 않도록 미리 조심하는 것입니다. 그러나 이 세상에 살면서 한 번도 악한 꼴을 당하지 않을 수는 없습니다. 그럴 때는 어떻게 해야 합니까? 절대 타협하지 말되 시간을 끌면서 도망칠 기회를 찾아야 합니다.

오늘 중요한 것은 기브아가 어떻게 이런 악의 소굴로 변했느냐 하는 점입니다. 우리는 사사기 서두에서 여러 지파 가운데 유독 베냐민 지파가 가나안 사람들과 싸우는 일에 소극적이었음을 살펴본 바 있습니다. 그들은 유다 사람들이 예루살렘을 빼앗아 주었음에도 불구하고 여부스 족을 몰아내지 못했습니다. 마치 입에 음식을 떠먹여 주는데도 삼키기 싫어서 뱉어 버리는 사람들과 같았습니다. 그들은 가나안의 죄와 싸우려 하지 않았습니다. 오직 돈 벌고 먹고 사는 일만 중요하게 생각했습니다. 그 결과가 무엇입니까? 그 자녀들이 다 동성애자가 되고 깡패가 되어 버린 것입니다.

저는 사사기를 보면서 이민 세대 생각을 했습니다. 이민 1세대에게 가장 중요한 것은 자녀 교육입니다. 그래서 말도 통하지 않는 곳에서 생활비와 교육비를 벌기 위해 밤낮없이 뛰어다닙니다. 그런데 그동안에 아이들은 서구 문화에 깊이 빠져 버립니다. 지난번에 한인교회에 갔을 때, 베트남 남자아이가 자기와 만나 주지 않는 한국 여자아이를 칼로 난도질해 죽인 사건이 일어났습니다. 죽은 아이의 아버지는 하나님은 없다고 했습니다. 하나님이 있다면 그렇게 착한 자기 딸을 이렇게 죽게 하실 리가 없다는 것입니다.

이것은 비단 이민 2세대만의 이야기가 아닙니다. 지금 우리 자녀들에게서 믿음을 찾아볼 수 있습니까? 교회 나오는 청소년들 중에는 정말 예수를 믿어서 나오는 아이들보다는 부모님 때문에 그냥 나오는 아이들이 더 많습니다. 부모라면 누구나 자기 자식이 잘되기를 바랍니다. 그래서 과외시키고 학원 보내서 좋은 대학에 보내려고 무진 애를 씁니다. 그런데 문제가 무엇입니까? 그동안에 자녀들은 소돔의 아이들이 되어 버린다는 것입니다.

부모는 학교 공부만 시키면 다 된다고 생각합니다. 그러나 사람에게는 학교 공부로 해결되지 않는 영역이 있습니다. 그것은 영적인 영역입니다. 영적인 영역에는 중간지대가 없습니다. 신앙이냐 죄냐, 둘 중에 하나예요. 하나님을 사랑하지 않으면 죄에 빠지게 되어 있습니다.

나중에 이스라엘 백성들은 베냐민 지파 사람들에게 이 깡패들을 내놓으라고 합니다. 그러나 베냐민 지파는 이들을 내놓지 않았습니다. 왜 내놓지 않았습니까? 금이야 옥이야 기른 자기 자식들이었기 때문입니다. 제사장 엘리를 생각해 보십시오. 엘리의 두 아들은 제사장이었음에도 불구하고 성전에서 수종드는 여자와 간음했습니다. 그러면 당장 처벌하고 파면시켜야 마땅합니다. 그러나 엘리는 그렇게 하지 못했습니다. 왜 못했습니까? 그들이 사랑하는 자기 자식들이었기 때문입니다.

믿는 부모의 자녀라고 해서 자동적으로 하나님의 자녀가 되는 것은 아닙니다. 부모는 자녀들의 신앙을 위해 무언가 희생할 각오를 해야 합니다. 우리나라 부모들은 자녀를 공부시키기 위해서라면 얼마든지 희생할 각오가 되어 있습니다. 소도 팔고 논도 팔고 집도 줄일 각오가 되어 있어요. 그러나 자녀의 신앙을 위해 희생하며 결단을 내리는 부모는 별로 없습니다. 자녀에게 복음을 들려주고 자녀를 하나님의 백성으로 변화시키기 위해 자신을 포기하는 부모는 굉장히 드뭅니다. 자기 신앙에는 관심이 많아서 책도 읽고 집회나 세미나도 다니지만, 자녀들한테는 무조건 공부만 하라는 거예요. 그러다 결국 어떻게 됩니까? 자녀를 배나 더 지옥 자식으로 만들어 버립니다. 베냐민 지파가 거의 망하게 된 것도 부모들이 자녀들의 신앙을 위해 아무 결단도 내리지 않았기 때문입니다.

현명한 그리스도인이라면 젊은이의 속에 있는 열정을 하나님을 사랑하는 방향으로 이끌어 주어야 합니다. 그렇게 하려면 어른들이 먼저 결단을 내려야 하고 희생을 해야 합니다. 어떻게 해서든지 자녀들로 하여금 하나님을 섬기게 하고, 기도하게 하고, 말씀으로 무장하게 해야 합니다.

결국 레위인은 몰려온 불량배들에게 자기 첩을 내놓습니다. "무리가 듣지 아니하므로 그 사람이 자기 첩을 무리에게로 붙들어 내매 그들이 그에게 행음하여 밤새도록 욕보이다가 새벽 미명에 놓은지라. 동틀 때에 여인이 그 주인의 우거한 그 사람의 집 문에 이르러 엎드러져 밝기까지 거기 누웠더라. 그의 주인이 일찍이 일어나 집 문을 열고 떠나고자 하더니 그 여인이 집 문에 엎드러지고 그 두 손이 문지방에 있는 것을 보고 그에게 이르되 '일어나라. 우리가 떠나가자' 하나 아무 대답이 없는지라. 이에 그 시체를 나귀에 싣고 행하여 자기 곳에 돌아가서"(19:25-28).

이 레위인은 첩을 데려오기 위해 장인의 집까지 먼 길을 찾아갔습니다. 그리고 이제 다시 잘 살아 보자고 구슬려서 데려가고 있는 중이었습니다. 그런데 불량배들이 쳐들어와서 난동을 부리니까 자기가 살기 위해 첩을 내놓았습니다. "붙들어 내매"라는 것은 안 나가려고 하는 것을 잡아서 밀어냈다는 뜻입니다. 나중에 이 여자는 문지방을 잡고 죽었습니다. 집으로 들어오려고 몸부림을 치다가 죽은 것입니다.

이것을 보면 레위인이 얼마나 냉혹하고 이기적인 사람인지 알 수 있습니다. 그는 제사장 아닙니까? 그는 이스라엘 백성들을 가르칠 수 있는 자리에 있는 사람이었습니다. 그가 나가서 "어디 할 테면

해 봐. 제사장한테 먼저 덤빌 놈 누구야?" 하면서 세게 나갔더라면, 적어도 그를 죽이지는 못했을 것입니다. 이 레위인이 정말 하나님 앞에 제대로 살고 있는 제사장이었다면 이 악한 베냐민 사람들을 보면서 가슴이 아팠을 것이고, 그들 앞에 세게 나갈 수 있었을 것입니다. 그리고 사람들은 그 당당한 모습 앞에 조금은 수그러들 수 있었을 것입니다. 그러나 그는 문 뒤에 숨은 채 첩의 등을 떠밀어서 결국 불량배들에게 죽게 만들었습니다.

레위인의 반응

레위인은 자기 첩이 밤새 기브아 사람들에게 욕을 본 후 죽은 것을 보고 어떻게 했습니까? 기브아에서는 아무 말도 하지 않은 채 조용히 시체를 챙겨서 물러났습니다. 그러나 자기 집에 가서 무시무시한 짓을 저질렀습니다. "그 집에 이르러서는 칼을 취하여 첩의 시체를 붙들어 그 마디를 찍어 열두 덩이에 나누고 그것을 이스라엘 사방에 두루 보내매 그것을 보는 자가 다 가로되 '이스라엘 자손이 애굽 땅에서 나온 날부터 오늘날까지 이런 일은 행치도 아니하였고 보지도 못하였도다. 생각하고 상의한 후에 말하자!' 하니라" (19:29-30).

그는 기브아에서 당국자들에게 먼저 항의하고 적절한 조치를 요구할 수도 있었을 것입니다. 그러나 그곳에서는 별일 아니라는 듯이 조용히 시체를 수습했습니다. 그러나 집에 와서는 어떻게 했습니까? 시체를 열두 토막으로 잘라서 이스라엘 각 지파에 보냈습니다. 갑자기 여자 시체를 한 토막씩 받은 지파들이 얼마나 경악했겠습니까? 말로만 듣는 것과 토막난 시체를 보고 나서 듣는 것에는 엄청난 차이가 있습니다. 레위인은 이스라엘 사람들을 극도로 흥분시킬 수 있는 방법을 택했습니다. 왜 이렇게 했을까요? 기브아 사람들에게 보복하기 위해서입니다. 그는 할 수 있는 대로 많은 이스라엘 사람들을 끌어들여서 철저하게 복수하려고 했습니다.

이 레위인을 보면 '이 사람 정말 이스라엘 사람 맞아?' 하는 의심이 듭니다. 정말 이스라엘 백성인지 마귀의 자식인지 구분이 안 돼요. 당시 이스라엘에는 사사가 있어서 재판을 담당했습니다. 그러면 아무리 큰 피해를 입었다 해도 사사를 찾아갔어야 합니다. 그런데 그는 모든 절차를 무시하고 이스라엘 사람 전부를 자기 일에 끌어들였고, 이스라엘 백성들은 어리석게도 전부 거기에 끌려 들어갔습니다.

어떤 사람은 자기가 개인적으로 책임져야 할 일에 온 집안을 다 끌어들이거나 온 교회를 다 끌어들입니다. 이럴 때 장로들의 지혜가 필요합니다. 잘못하면 쥐 한 마리 잡겠다고 집 전체를 불태우는 어리석은 짓을 하게 될 수 있기 때문입니다. 마귀는 자기 혼자서는 절대 일하지 못합니다. 마귀는 사람을 흥분시키거나 미워하게 하거나 의심하게 함으로써 서로 죽이고 멸망시키게 만듭니다.

레위인은 할 수 있는 대로 하나님의 공의에 따라 이 일을 해결했어야 합니다. 기브아 사람들이 다 깡패나 동성연애자는 아닙니다. 그렇다면 이야기가 통할 만한 사람을 찾아서 어떻게든 대화를 시도했어야지요. 그런데 레위인은 거기에서는 아무 조치도 취하지 않다가, 집에 와서는 평소에 짐승 자르던 실력으로 시체를 토막내 보냄으로써 이스라엘 백성들을 극도로 흥분시켰습니다. 그래서 결국 이 한 사람 때문에 한 지파 전체가 거의 몰살되는 상황이 벌어졌습니다.

하나님은 호세아 때 이스라엘이 망하게 된 이유를 그들이 기브아 때부터 죄를 지었기 때문이라고 말씀하셨습니다. "저희는 기브아의 시대와 같이 심히 패괴한지라. 여호와께서 그 악을 기억하시고 그 죄를 벌하시리라"(호 9:9). "기브아의 시대"란 바로 이 사건을 가리키는 말씀입니다. 즉 이스라엘에 죄가 보편적으로 퍼져서, 마치 기브아 시대 때처럼 죄가 죄인 줄 모르는 상태에 빠졌다는 것입니다. 기브아는 기브아대로, 레위인은 레위인대로, 이스라엘 백성들은 이스라엘 백성들대로 다 죄에 빠져 있었습니다. 그렇기 때문에 웅덩이에 돌 한 개가 떨어지자 일파만파 걷잡을 수 없이 퍼져 나간 것입니다.

건강한 사회는 죄에 빠진 사람을 처벌하고 돌팔매질하는 사회가 아닙니다. 그런 죄를 억제해서 다시는 죄를 범하지 않게 하는 사회, 그 죄를 치료하는 사회입니다. 그러나 병든 사회에는 돌 한 개만 떨어져도 전체가 뒤집혀 버립니다. 하나의 죄가 들불처럼 번져서 온 집안과 사회를 불태워 버립니다.

얼마 전 보험금을 노린 아버지가 자기 아들의 손가락을 잘라서 사회에 충격을 준 적이 있었습니다. 이것은 하나의 사건으로 끝날 성질의 일이 아닙니다. 우리는 얼굴도 모르는 아이를 유괴해서 죽여 놓고 돈을 청구하는 일들에 대해 듣고 있습니다. 남의 집을 턴 후에 신고하지 못하도록 온 가족이 보는 앞에서 여자를 폭행하는 일들에 대해서도 듣고 있습니다. 지금 우리는 소돔에서 살고 있습니다. 언젠가는 이런 죄악의 물결이 우리 집이나 우리 자녀에게도 밀려올 때가 있을 것입니다. 이런 시대에 우리가 살 수 있는 길은 무엇입니까?

우리는 자꾸 진리를 밝혀야 하며 자기 신분을 드러내야 합니다. 그리고 그렇게 함으로써 손해볼 일이 있으면 손해볼 각오를 해야 합니다. 저는 오늘 설교를 하면서 부끄러움을 느낍니다. 왜냐하면 저 자신이 목사인 것을 밝히지 않았던 때가 많았기 때문입니다. 저는 전도사와 강도사 시절에 신분을 밝혔다가 곤경을 겪은 일이 있습니다. 이사할 때 돈만 조금 늦게 준비되어도 "전도사라는 놈이……", "강도사라는 놈이 꼭 강도같이……"라는 말과 함께 입에 담을 수 없는 욕을 들었습니다. 이사하는 것이 아니라 꼭 전쟁하는 것 같았습니다. 그때부터 저는 꼭 필요한 경우가 아니라면 신분을 밝히지 않는 습관이 생겼습니다. 혹시라도 택시 기사분이 "무엇 하는 분이십니까?" 하고 물으면 절대 대답하지 않았습니다. 그리고 "사업하십니까?" 하면 "네, 비슷한 것 합니다"라고 대답하곤 했습니다. 목회와 사업이 비슷하긴 뭐가 비슷합니까?

그러나 매일 옆집이 다 시끄럽도록 부부싸움을 하면서 "우리는 장로 집안입니다"라고 밝히기는 쉽지 않을 것입니다. 레위인도 비슷한 처지였습니다. 첩을 데리고 가면서 레위인이라고 밝히면 "네 까짓 놈도 레위인이냐?" 할까 봐 신분을 숨기고 잠자코 있었습니다. 만약 신실한 레위인이 기브아에 왔다면 얼마나 복된 일이었겠습니까? 그러나 그는 스스로 떳떳치 못했기 때문에 기브아의 문제를 해결하는 데 전혀 도움이 되지 못했습니다.

죄와 싸우는 데 소극적이었던 베냐민 지파는 결국 몇 세대 지나지 않아 모두 죄에 정복당하고 말았습니다. 그들이 그렇게 사랑하며 키운 자식들은 썩을 대로 썩어 버렸습니다. 그럼에도 불구하고 그들은 모두 자기 자식들이었기 때문에 바로잡을 생각을 하지 않았습니다.

현명한 부모라면 자녀의 신앙을 위해 결단을 내리며 영적인 영역에 최대의 투자를 할 것입니다. 과외만 시키고 유학만 시키면 나중에 대화가 안 될 정도로 완전히 썩어서 돌아옵니다. 우리는 자녀들의 엄청난 잠재력을 주님을 위해 사용하게 해야 합니다. 가만히 내버려 두면 결국 죄짓는 일만 생각하게 되어 있습니다. 돈만 주고 영적인 양육과 훈련을 하지 않으면 사랑한 그만큼 지옥 자식이 되어 버립니다. 우리는 젊은이들이 마음과 뜻과 정성을 다해 하나님을 사랑하도록 만들어 가야 합니다.

레위인은 자신이 떳떳치 못했기 때문에 위급할 때에도 자신의 신분을 밝히지 못했습니다. 그가 당당하게 "나 레위인이야. 그래도 해볼래? 제사장도 한번 벗어볼까?" 하면서 세게 나갔다면 아이들이 "재수 없다" 하면서 돌아갔을지도 모릅니다. 그런데 자기가 구린 데가 있었기 때문에 그 위급한 순간에 나서지 못한 것입니다. 그래서 그리스도인은 평소에 잘해야 합니다. 평소에 술이나 얻어먹고 음담패설이나 하다가 결정적인 순간에 "제가 집사입니다" 하고 나섰다가는 몰매 맞기 십상입니다.

레위인은 가장 잔인한 방법으로 이스라엘 사람들을 흥분시켰습니다. 사람의 시체를 토막내서 보내는 것은 하나님을 모르는 사람들도 쓰지 않는 방법입니다. 사실 기브아 사람과 베냐민 사람 전부가 악당은 아니었을 것입니다. 그럼에도 불구하고 이 레위인은 가장 잔인한 방법으로 분노를 표출함으로써 이스라엘을 자극했고, 총체적으로 병들어 있던 이스라엘은 모두 거기에 끌려 들어가 전쟁을 벌이고 말았습니다. 건강한 교회는 죄를 몇 겹으로 둘러싸서 그 악한 영향력이 퍼지지 못하게 할 뿐 아니라 그 죄로 인한 상처를 치료하고 회복시킵니다. 그러나 병든 교회에는 돌만 하나 떨어져도 그 영향이 일파만파 퍼지게 되어 있습니다.

오늘 우리는 이스라엘 역사상 가장 지저분하고 추악한 이야기를 들었습니다. 어떻게 성경에 이런 말씀이 다 기록될 수 있습니까? 우리는 왜 이런 이야기를 들어야 합니까? 이 추악한 모습이야말로 바로 오늘 우리의 현실이기 때문입니다. 우리가 살고 있는 이 사회는 소돔입니다. 우리의 자녀들은 소돔에서 자라고 있습니다. 이런 곳에서 살아남으려면 우리 안에 경건의 능력이 있어야 합니다. 별 생각 없이 술이나 마시고 돈타령이나 하고 텔레비전이나 보고 부부싸움이나 한다면, 우리 자신이 악의 희생제물이 되는 것은 물론이고 자녀들까지 모두 소돔의 자식들로 만들고 말 것입니다. 그리스도인이 이 세상에서 제일 싼 비용으로 살 수 있는 방법은 죄와 싸우는 것입니다. 그렇게 하지 않으면 죄의 희생제물이 되어 버립니다.

부도가 나거나 경제적인 파탄에 빠졌을 때 아내와 자녀부터 희생시키는 사람이 있습니다. 그러면 안 됩니다. 책임질 일이 있으면 어떻게 해서든지 가장이 먼저 책임져야 하며, 희생해야 할 일이 있으면 누구보다 먼저 가장이 희생해야 합니다.

오늘 이 예배를 통해서 우리 속에 있는 욕망을 잘라 냅시다. 그러면 하나님이 우리의 믿지 않는 가족들에게 건전한 이성을 회복시켜 주실 것이고, 소돔 백성과 같은 이 민족의 젊은이들에게 분별력을 회복시켜 주실 것입니다. 그러나 우리가 몸만 여기 나와 앉아 있을 뿐 여전히 자기 욕망과 습관을 포기하지 않는다면, 결국은 나와 내 가족이 당할 날이 올 것입니다.

우리는 모두 레위인입니다. 우리는 거룩한 옷을 입어야 하며 떳떳하게 레위인임을 밝힐 수 있어야 합니다. "전도사라는 놈이……", "예수 믿는다는 인간이……"라는 소리를 듣는 한이 있더라도 당당하게 나서서 그들을 위해 기도의 등불을 꺼뜨리지 말아야 합니다. 오늘 주님이 우리의 예배를 받으시고 우리 가족과 민족을 분노와 죄악에서 건져 주시기를 바랍니다.

6
기브아의 징계 문제

...... "내가 다시 나아가서 나의 형제 베냐민 자손과 싸우리이까?" ......
사사기 20:1-28

얼마 전 텔레비전에는 러시아 군대에서 신병을 구타하는 장면이 방영되었습니다. 그것을 보면 하사관이 군화를 신은 채 마치 즐기듯이 신병들의 배를 밟고 뛰어다니거나 몸을 날려 배를 차는 모습들이 나옵니다. 이렇게 닥치는 대로 신병을 때리면서도 그 자신은 웃고 있습니다. 러시아에서는 이런 식의 구타로 목숨을 잃는 군인들이 1년에 수만 명이라고 합니다. 적과 싸우기도 전에 어처구니없는 내부 폭력에 의해 몇 사단에 해당하는 병력이 없어지는 것입니다.

우리나라에서도 학교 폭력으로 피해를 입는 학생들의 수가 수십만 명에 이른다고 합니다. 소위 '이지메'라고 해서 힘센 학생들이나 인근 불량배들이 약한 아이를 집단적으로 괴롭히는 것입니다. 그들은 자기들이 찍어 놓은 아이를 골목이나 근처 야산에 끌고 가서 때리기도 하고 돈을 뺏기도 합니다. 때로는 인사하지 않는다고 때리고, 때로는 노려보았다고 때립니다. 자기 가방을 들고 가게 하거나 집에서 몰래 돈을 가져오게 하기도 합니다. 괴롭히는 사람은 그냥 장난으로 하는 짓이라고 할지도 모릅니다. 그러나 당하는 사람에게는 목숨이 걸린 중대한 문제입니다. 실제로 지속적인 괴롭힘 때문에 자살을 하는 아이들도 있고, 정신병으로 고통을 받다가 외국으로 이민을 가 버리는 아이들도 있습니다.

그런데 이런 일 때문에 가해 학생의 부모를 불렀을 때, 잘못을 시인하고 용서를 비는 부모가 있는가 하면 오히려 반발하면서 아이들끼리 장난한 것을 가지고 왜 이렇게 문제를 삼느냐고 화를 내는 부모도 있습니다. 그들이 모르고 있는 것이 무엇입니까? 자기 자식에게는 한때의 장난일지 몰라도 피해자에게는 목숨을 위태롭게 만드는 위협이 된다는 사실입니다.

조너선 에드워즈는 200년 전에 미국 동부에서 부흥의 역사를 일으켰던 탁월한 설교자입니다. 그런데 그가 교회를 사임하고 인디언 선교에 나서게 된 계기는 교회 내부의 징계 문제에 있었습니다. 그 당시 교인들의 자녀 중에 건전하지 않은 책들을 돌려 보는 청년들이 있었습니다. 물론 요즘 기준에서 보면 문제 될 것이 없는 책들이

지만, 그 당시의 청교도적인 시각에서 볼 때에는 대단히 좋지 못한 음란 서적이었습니다. 에드워즈 목사는 회의를 열어, 그 책들을 돌려 본 청년들의 이름을 예배 시간에 발표하고 성찬에 참여하지 못하게 하겠다고 했습니다. 그랬더니 몇몇 교인들이 아주 강력하게 반발했습니다. 그들은 바로 징계 당사자들의 아버지들이었습니다. 결국 에드워즈 목사는 교회를 사임하고 인디언 선교를 하다가, 프린스턴 대학의 총장으로 임명된 지 한 달 만에 예방 주사 부작용으로 아까운 나이에 목숨을 잃었습니다.

레위인은 자기 첩이 기브아에서 살해된 일을 이스라엘 전체의 문제로 비화시켰습니다. 죽은 여자의 시체 토막을 갑자기 받아든 이스라엘 지파들은 큰 충격을 받았습니다. 그들은 미스바에 모여 비상 총회를 열었습니다. 이 총회에서 레위인의 설명을 들은 지파 대표들은 이것을 아주 중요한 범죄 행위로 간주하고, 베냐민 지파에 사람을 보내 기브아의 깡패들을 내놓으라고 했습니다. 그런데 베냐민 지파가 이것을 거부하고 전쟁 준비에 돌입하는 바람에, 결국 가나안 정복을 완수하기도 전에 자기들끼리의 내전에 돌입하게 되었습니다. 이 일은 이스라엘 백성들의 가나안 정복사상 가장 치욕적이고 부끄러운 일로 남게 됩니다.

우리가 여기에서 안타깝게 생각하는 것은 레위인이 이 일에 굳이 이스라엘 전체를 끌어들여야만 했느냐 하는 점과, 베냐민 지파는 왜 이스라엘 총회의 정당한 요구를 거부하고 내전을 일으켰느냐 하는 점입니다.

이스라엘 총회가 열리다

레위인이 보낸 시체 토막을 받은 이스라엘 백성들은 미스바에 모여 총회를 열었습니다. "이에 모든 이스라엘 자손이 단에서부터 브엘세바까지와 길르앗 땅에서 나왔는데 그 회중이 일제히 미스바에서 여호와 앞에 모였으니 온 백성의 어른 곧 이스라엘 모든 지파의 어른들은 하나님 백성의 총회에 섰고 칼을 빼는 보병은 400,000이었으며"(20:1-2).

이스라엘 백성들이 어떻게 이렇게 다 모일 수 있었을까요? 그것은 이들이 고대의 언약 의식에 대해 알고 있었기 때문입니다. 고대에는 언약을 체결하는 방식이 여러 가지 있었습니다. 돌을 쌓는 방식도 있었고, 음식을 나누어 먹는 방식도 있었으며, 성기에 손을 얹는 방식도 있었습니다. 그 중에서도 시체를 조각내는 것은 생명을 건 언약의 방식이었습니다. 고대의 신하들은 왕에게 언약을 세울 때 짐승을 조각낸 후 그 사이를 걸어갔습니다. 그것은 이 언약을 목숨을 걸고 지킬 것이며, 만약 언약을 깨뜨릴 시에는 이 짐승처럼 자기 몸을 조각내도 좋다는 뜻이었습니다.

사울 왕 시절에 암몬 사람들이 요단 동편에 있는 길르앗 야베스를 침공해서 그들의 오른쪽 눈을 다 뽑겠다고 한 적이 있었습니다.

그때 사울은 왕으로 임명되기는 했지만 아직 부임하기 전이었습니다. 그는 밭을 갈고 있다가 이 말을 듣고, 자기가 몰고 있던 소를 조각내서 온 이스라엘 백성들에게 보냈습니다. 이것은 '지금 이스라엘 한 지파가 조각날 위험에 처했다. 이 일을 남의 일로 외면하는 사람이 있다면 그들의 소들도 이처럼 조각내 버리겠다'는 의미가 들어 있었습니다.

여자의 시체 조각을 받고 이렇게 모든 이스라엘 지파가 모여든 것은 '지금 이스라엘의 한 부분이 완전히 조각나서 잘려 나가게 되었다. 만일 이 일을 모르는 체하는 자가 있다면 이 시체처럼 조각내 버리겠다'는 메시지로 받아들였기 때문입니다. 다시 말해서 '이스라엘은 피로 연합된 한몸으로서, 만약 한 지체가 침략이나 죄로 인해 망하게 되었을 때에는 만사를 제쳐 두고 한데 모여서 해결해야 한다'는 의식(意識)이 그들 가운데 있었던 것입니다.

미국의 흑인들은 서로를 '친구'라고 부르지 않고 'blood', 즉 '핏줄'이라고 부른다는 말을 들은 적이 있습니다. 그들은 왜 서로를 이렇게 부를까요? '우리는 노예로 잡혀와 백인들에게 공동으로 피해를 입은 형제들이므로 서로 도와야 한다'는 연대의식이 있기 때문일 것입니다.

하나님의 백성들은 피로 연결된 한몸입니다. 그 몸의 한 부분이 죽으면 전체가 다 죽게 되어 있습니다. 그 한 부분이 어떻게 죽게 되었느냐는 상관이 없습니다. 가난으로 굶어 죽게 되었든지 적의 공격으로 망하게 되었든지 죄 때문에 죽게 되었든지 간에, 하나님의 백성이라면 누구나 반드시 그 부분에 관여해야 합니다.

그런데 문제는 레위인의 첩이 기브아에서 죽임을 당한 것이 과연 그 정도로 중요한 문제인가, 그리고 이런 식으로 이스라엘 백성들 전체를 소집할 자격이 과연 레위인에게 있느냐 하는 것입니다. 보험금을 타기 위해 아들의 손가락을 자른 아버지는 자기가 한 짓이 사회적으로 이렇게 큰 문제가 될 줄 몰랐을 것입니다. 그래서 기왕 보험금을 타려고 하는 일이니만큼 더 확실하게 하자는 뜻에서 손가락을 자른 후 감추기까지 했을 것입니다. 그러나 그 일은 사람들에게 엄청난 충격을 주었습니다. 신문마다 그 일을 놓고 떠들어 댔고, 학교마다 범인을 성토하면서 빨리 잡아 내라고 아우성을 쳤습니다. 그제서야 그 아버지는 자기가 얼마나 엄청난 짓을 저질렀는지 깨달았을 것입니다.

레위인이 첩의 시체를 토막내 보낸 것은, 기브아가 죄 때문에 죽어 가는 것이 안타까워서가 아니었습니다. 시체를 그냥 땅에 묻으려니까 너무 억울해서 '좋다! 너희도 한번 당해 봐라' 하는 심정으로 분풀이 삼아 보낸 것입니다. 그런데 막상 시체 토막을 받은 이스라엘 백성들은 너무나 놀랐습니다. 소 같은 짐승의 시체 토막이 와도 놀랄 판인데, 여자의 발가락이 오고 손가락이 오니 온 이스라엘이 발칵 뒤집히지 않을 수 있겠습니까?

저는 레위인에게 이스라엘을 소집할 자격이 있었다고 생각지 않습니다. 그는 자격이 있어서라기보다 그냥 넘어가기가 억울해서가장 강력한 방법으로 자신의 분노를 표현한 것입니다. 결국 왕이 없는 것이 문제였습니다. 왕이 없으니까 기질 강한 한 사람이 아무 자격 없이도 이처럼 이스라엘 전체의 의사에 영향을 줄 수 있었던 것입니다.

미스바에 모인 백성들은 일단 장본인인 레위인의 진술을 들었습니다. "레위 사람 곧 죽임을 당한 여인의 남편이 대답하여 가로되 '내가 내 첩으로 더불어 베냐민에 속한 기브아에 유숙하러 갔더니 기브아 사람들이 나를 치러 일어나서 밤에 나의 우거한 집을 에워싸고 나를 죽이려 하고 내 첩을 욕보여서 그로 죽게 한지라. 내가 내 첩의 시체를 취하여 쪼개어 이스라엘 기업의 온 땅에 보내었노니 이는 그들이 이스라엘 중에서 음행과 망령된 일을 행하였음을 인함이로라. 이스라엘 자손들아, 너희가 다 여기 있은즉 너희의 의견과 방책을 낼지니라'"(20:4-7).

레위인의 진술은 거의 사실인 것 같습니다. 그러나 문제는 분위기였습니다. 이스라엘 백성들은 여인의 토막난 시체를 보았습니다. 그리고 400,000만 명이나 되는 군대가 이미 집결해 있었습니다. 이런 상황에서 레위인이 이런 말을 한다는 것은 곧 전쟁을 하자는 말이나 다름없었습니다.

대개 힘이 없는 사람들이나 법을 모르는 사람들은 억울한 일을 당해도 좀 큰소리를 내다가 그냥 참아 버립니다. 그러나 법을 아는 사람들은 그렇지 않습니다. 자기의 지식을 이용해서 얼마든지 그 문제를 크게 부풀릴 수 있습니다. 이 레위인도 마찬가지였습니다. 그는 율법과 죄에 대해 알고 있었기 때문에 자기 문제에 온 이스라엘 백성들을 끌어들일 수 있었습니다.

물론 기브아 사람들이 자기 성에 유숙하려고 온 사람을 영접하지도 않고 밤에 몰려가 욕보이려 한 것은 무서운 죄입니다. 더욱이 그의 첩을 윤간하여 죽인 것은 결코 묵과될 수 없는 죄입니다. 그러나 이것이 과연 이스라엘 전체를 내전으로 끌어들일 만큼 엄청난 문제냐 하는 점에 대해서는 좀 생각해 볼 필요가 있습니다. 이것이 죄인 것은 분명하지만, 그리고 이 죄는 반드시 처리되어야 하지만, 그럼에도 불구하고 이 일 때문에 수만 명을 죽음으로 몰고 가는 것이 옳은 일입니까?

누가 내 가족이나 친구를 죽이면 나도 그를 죽이고 싶은 분노가 마음속에서 솟구치는 법입니다. 그리고 한 사람이 미워지면 그의 가족들까지 다 미워지는 법입니다. 이런 분노를 누르고 정당한 조치를 취하기 위해 권위가 필요하고 법이 필요한 것입니다. 율법에서 '눈에는 눈, 이에는 이'라고 말하는 것은, 개인적인 보복을 하라는 뜻이 아닙니다. 오히려 이것은 사적인 보복을 금지하는 법으로서, 특히 재판에서 어떤 사람의 상해 문제를 다룰 때 그 죄에 상응하는 것 이상의 지나친 처벌을 해서는 안 된다는 뜻입니다. 즉 아무리 법정이라고 해도, 눈만 다치게 했다면 거기에 해당하는 벌만 내려야지 그의 다리를 자른다거나 목을 자르는 식의 심한 벌을 주어서는 안 된다는 것입니다.

 제5공화국 정권 때 미얀마를 방문 중이던 대통령 일행이 북한 쪽에서 터뜨린 것으로 보이는 폭탄 테러에 희생된 적이 있었습니다. 이것은 우리나라를 향한 중대한 공격 행위로서, 가볍게 넘길 수 있는 성질의 일이 아니었습니다. 실제로 전방의 젊은 장군들 중에는 북한을 공격해야 한다고 주장하는 사람들도 있었다고 합니다. 물론 그 하나의 사건만 놓고 본다면 그냥 넘길 수 없는 문제임이 분명합니다. 그러나 그 문제를 가지고 전쟁을 일으켰을 때 과연 그 사태를 수습할 수 있느냐 하는 것은 별개의 문제입니다. 빈대 한 마리 잡자고 초가삼간을 다 태울 수는 없습니다.

 3절은 "이스라엘 자손의 미스바에 올라간 것을 베냐민 자손들이 들었더라"고 말씀하고 있습니다. 이 구절은 베냐민에는 대표조차 보내지 않은 채, 아예 처음부터 그들을 죽일 생각으로 모인 것이 아니냐 하는 의심을 불러일으킵니다.

 결국 이 사건이 이렇게 심각해진 것은 이스라엘 안에 진정한 지도자가 없었기 때문입니다. 왜 지도자가 없었습니까? 너도나도 모두 잘났기 때문입니다. 모두 잘나서 다른 사람을 인정하려 하지 않았기 때문입니다. 십계명의 첫번째 윤리 계명은 "네 부모를 공경하라"(출 20:12)는 것입니다. 부모님이 똑똑하거나 돈이 많기 때문에 공경하라는 것이 아닙니다. 부모님이 나보다 오래 사셨고 또 나를 키워 주셨으니 인간 된 도리로 공경하라는 것입니다. 이것이 권위를 인정하는 태도입니다. 그러나 저마다 잘났다고 하는 사람들은 권위를 인정하지 않습니다. 평소에는 이런 것이 별로 문제 되지 않는 것 같습니다. 그러나 어려움이 생기면 무정부 상태에 빠져서 쉽게 수습할 수 있는 일도 크게 비화시키게 되고, 결국 엄청나게 비싼 대가를 지불하기에 이릅니다. 이스라엘의 어른들이 다 모이면 뭐합니까? 대세는 이미 베냐민을 치는 쪽으로 기울어져 있었습니다.

결국 권위란 모두가 서로에게 겸손할 때 존재할 수 있습니다. 그래야 어려운 일이 생겼을 때 작은 피해로 끝을 낼 수 있습니다. 그러나 저마다 자기가 잘났다고 하면 작은 일에 전체가 끌려 들어갈 수밖에 없고, 나중에는 잘난 척하던 것 이상의 피해를 입게 될 수밖에 없습니다.

베냐민 지파의 반발

이스라엘 총회는 이번 기브아 사건을 아주 중요한 범죄로 규정하고, 이 죄를 바로잡기 전에는 어느 누구도 돌아가지 않기로 맹세합니다. "모든 백성이 일제히 일어나며 가로되 '우리가 하나라도 자기 장막으로 돌아가지 아니하며 하나라도 자기 집으로 들어가지 아니하고 우리가 기브아 사람에게 이렇게 행하리니 곧 제비 뽑아서 그들을 치되 우리가 이스라엘 모든 지파 중에서 백에 열, 천에 백,

만에 천을 취하고 그 백성을 위하여 양식을 예비하고 그들로 베냐민의 기브아에 가서 그 무리의 이스라엘 중에서 망령된 일을 행한 대로 징계하게 하리라' 하니라"(20:8-10).

이스라엘 백성들의 대표가 모여서 '이번 기브아의 일은 중요한 범죄 행위로서 반드시 바로잡아야 한다'고 결정한 것은 옳은 일이었습니다. 그렇다면 베냐민 지파도 이 결정에 복종하는 것이 옳습니다. 그러나 베냐민 지파는 이스라엘 총회의 결정에 따르기를 거부하고 전쟁 상태에 돌입했습니다. "도리어 각 성읍에서 기브아에 모이고 나가서 이스라엘 자손과 싸우고자 하니 그때에 성읍들에서 나온 베냐민 자손의 수는 칼을 빼는 자가 모두 26,000이요 그 외에 기브아 거민 중 택한 자가 700인데 이 모든 백성 중에서 택한 700명은 다 왼손잡이라. 물매로 돌을 던지면 호리도 틀림이 없는 자더라"(20:14-16).

베냐민 지파 사람들은 왜 이스라엘 총회의 정당한 결정을 받아들이지 않았을까요? 만일 그들이 총회의 결정을 존중하고 기브아에서 노인의 집을 습격했던 사람들 몇십 명 내지는 몇백 명만 넘겨 주었더라면 문제는 간단히 끝났을 것입니다. 그런데 그들은 이렇게 하는 대신 곧장 전쟁 준비에 돌입했습니다. 그 이유가 무엇입니까?

첫째로, 이스라엘에 진정한 권위가 상실되었기 때문입니다. 이런 권위의 상실은 상황의 변화와 깊은 관계가 있었습니다. 이스라엘 백성들은 대대로 목축업을 해 왔습니다. 그러다가 가나안 땅에 들어와 농사를 짓게 되면서, 목축업을 할 때 권위를 행사했던 어른들의 말이 전혀 먹혀들지 않게 되었고 그 자리를 가나안 사람들의 말이 대신하게 되었습니다. 베냐민 지파 사람들의 생각이 무엇입니까? '각자 농사만 잘 짓고 살면 그만이지, 이스라엘이 뭐가 중요해? 이스라엘 총회가 대체 뭔데 우리한테 이래라저래라 하는 거야?' 라는 것입니다. 이와 같은 실용주의가 이스라엘의 권위를 깨뜨리고 말았습니다.

둘째로, 기브아의 깡패들은 그들이 사랑하는 자식들이었기 때문입니다. 사람은 참 이상합니다. 자식의 잘못은 잘못으로 보이지가 않습니다. 오히려 나무라는 사람이 이상해 보이지요. 그래서 누가 나무라기라도 하면 "아니, 자라는 아이들이 그럴 수도 있지, 뭘 그런 걸 가지고 어른들이 나서고 그래요?" 하면서 반발하는 경우가 생깁니다. 이 불량배들의 부모들은 이렇게 생각했을 수도 있습니다. '꼭 그 사람을 해치려는 것은 아니었을 거야. 밤에 심심하니까 그냥 한번 놀라게 해 주려고 장난처럼 한 일이지. 그러면 어른이 잘 타이르든지 해서 돌려보내야지, 왜 여자를 내주느냐 이 말이야. 그러니까 그 피가 펄펄 끓는 젊은 애들이 유혹을 받지 않고 배기겠어?' 물론 그들에게는 그냥 장난이었을지도 모릅니다. 그러나 밤에 여자를 동반하고 낯선 곳에 찾아온 사람에게는 결코 장난이 될 수 없었습니다.

셋째로, 베냐민 사람들이 총회의 결정에 반발한 것은 이미 하나님께서 이들을 멸하시기로 작정하셨기 때문입니다. 하나님은 죄를 저울에 달아 보시고 용서할 죄와 용서하지 못할 죄를 나누십니다. 기브아 사람들이 집단으로 몰려가 동성애를 하려고 한 것은 이미 하나님의 선을 넘어간, 용서할 수 없는 죄였습니다.

하나님이 가장 싫어하시는 일은 성을 남용하는 것입니다. 성은 하나님이 주신 선물 중에서도 가장 귀한 선물입니다. 하나님은 동성애나 변태적인 성행위로 성을 더럽히는 자를 용서하시지 않습니다. 집단적인 동성애를 하면서 소돔처럼 타락해 버린 기브아와 베냐민의 죄는 하나님의 저울에서 회복될 수 없는 수준으로 나타났습니다. 만약 하나님이 베냐민을 용서하실 생각이었다면, 그들의 지도자들 중에 분별력 있는 사람을 세워서 총회의 결정을 존중하게 하셨을 것입니다. 그러나 하나님은 베냐민의 죄를 용서하지 않기로 결정하셨습니다. 그들은 하나님의 저울에 표시된 범위를 이미 벗어났습니다. 그들이 기브아의 깡패들을 싸고돈 이유가 무엇입니까? 그 행동을 심각한 죄로 생각하지 않았기 때문입니다. 그들은 얼마든지 있을 수 있는 일을 다른 지파 사람들이 공연히 부풀리고 있다고 생각했습니다.

전쟁은 생각보다 간단하게 일어납니다. 전쟁이 일어나려고 하면 갑자기 온건파들이 없어지고 강경파가 득세합니다. 그래서 별것 아닌 일에도 자꾸 긴장이 조성됩니다. 예를 들어 휴전선에서 총 한 번 잘못 쐈는데, 비행기가 뜨고 군대가 왔다 갔다 하고 사이렌이 울립니다. 하나님이 전쟁을 일으키실 때는 정확한 수순을 밟듯이 전쟁이 일어나는 쪽으로만 나아가게 되어 있습니다. 강경파들의 말만 들으면 분명히 이길 것 같습니다. 자신들의 전력은 과대평가하고 상대방의 전력은 과소평가하기 때문입니다. 그래서 전면전으로 돌입했다가 무참하게 파멸하는 것입니다.

베냐민 지파는 특히 자신들의 저격병을 믿었습니다. 베냐민 지파에는 왼손잡이가 700명 있었는데 그들은 모두 돌팔매질의 명수들이었습니다. 당시 전쟁을 할 때 방패는 왼손으로 들고 무기는 오른손으로 들었기 때문에 왼쪽에서 돌이 날아오면 속수무책이 아닐 수 없었습니다. 또 기브아에서 온 700명은 자기들 문제 때문에 전쟁이 터진 만큼 모두 목숨을 걸고 싸울 준비가 되어 있었습니다.

한편 이스라엘 사람들은 제비를 뽑아서 베냐민을 공격하기로 했습니다. "우리가 기브아 사람에게 이렇게 행하리니 곧 제비 뽑아서 그들을 치되"(20:9). 즉 연합군을 형성하지 않고, 제비 뽑힌 지파의 군대가 나가서 싸우겠다는 것입니다. 이것은 이들을 하나로 통합할 만한 강력한 리더십이 없었다는 사실을 보여 줍니다.

베냐민의 입장에서 볼 때 이 싸움은 한번 해 볼 만한 것이었습니다. 연합군이 한꺼번에 처들어오면 이기기 힘들겠지만, 이렇게 토너먼트식으로 싸우면 승리할 가능성도 있었기 때문입니다.

이스라엘의 패배

베냐민을 징계하는 이 싸움에서 이스라엘 백성들은 두 번이나 큰 참패를 당했습니다. "이스라엘 자손이 아침에 일어나 기브아를 대하여 진을 치니라. 이스라엘 사람들이 나가서 항오를 벌이고 거기서 그들과 싸우고자 하매 베냐민 자손이 기브아에서 나와서 당일에 이스라엘 사람 22,000을 땅에 엎드러뜨렸으나"(20:19-21).

우리가 생각하기에 베냐민 지파가 죄를 지었고 이스라엘 사람들이 그것을 응징하기 위해 왔다면, 당연히 이스라엘 사람들이 이겨야 할 것 같습니다. 그러나 결과는 이스라엘의 무참한 패배로 나타났습니다. 이스라엘 쪽 군대가 무려 22,000명이나 죽은 것입니다. 그들은 전쟁을 시작하기 전에 어느 지파가 먼저 싸울 것인지 하나님께 물어보았고, 하나님은 유다 지파가 먼저 나가서 싸우라고 하셨습니다. 그러나 결과는 비참하게 나타났습니다.

그들은 이미 맹세한 것이 있었기 때문에 물러서지 않고 또다시 전쟁을 준비했습니다. "이스라엘 사람들이 스스로 용기를 내어 첫날 항오를 벌였던 곳에 다시 항오를 벌이니라. 이스라엘 자손이 올라가서 여호와 앞에서 저물도록 울며 여호와께 묻자와 가로되 '내가 다시 나아가서 나의 형제 베냐민 자손과 싸우리이까?' 여호와께서 가라사대 '올라가서 치라' 하시니라"(20:22-23).

첫 전투에 패배한 이스라엘 백성들은 하나님 앞에 울며 또다시 형제 베냐민을 치러 가야 하느냐고 물었고, 하나님은 올라가서 싸우라고 하셨습니다. 그러나 이번에도 그들은 참패했습니다. 무려 18,000명의 용사가 베냐민의 손에 죽었습니다. "그 이튿날에 이스라엘 자손이 베냐민 자손을 치러 나아가매 베냐민도 그 이튿날에 기브아에서 그들을 치러 나와서 다시 이스라엘 자손 18,000을 땅에 엎드러뜨렸으니 다 칼을 빼는 자였더라"(20:24-25).

하나님의 말씀에 순종하여 정당하게 법을 집행하려고 왔는데, 어떻게 이렇게 엄청난 피해가 발생할 수 있습니까? 우리는 두 가지 이유를 생각할 수 있습니다. 첫째는, 적어도 같은 이스라엘을 치면서 어떻게 아무런 아픔 없이 마치 다른 나라 사람 치듯 할 수 있겠느냐는 것입니다. 같은 민족을 징계하면서 어떻게 눈물 없이 편한 마음으로 할 수 있겠느냐는 거예요. 베냐민이 아무리 불순종하고 자기 죄를 인정하지 않는다 하더라도, 적어도 그들은 같은 이스라엘이요 같은 몸입니다. 그들을 치려면 다른 지파 백성들도 베냐민이 당하는 것만큼 아파해야 하지 않겠습니까?

하나님은 베냐민을 치기 전에 이들 자신이 먼저 울고 애통하게 하셨습니다. "이에 온 이스라엘 자손 모든 백성이 올라가서 벧엘에 이르러 울며 거기서 여호와 앞에 앉고 그날이 저물도록 금식하고 번제와 화목제를 여호와 앞에 드리고"(20:26).

이것이 하나님의 원칙입니다. 형제의 잘못을 바로잡으려면 자기 자신도 그 이상 아파할 생각을 하라는 것입니다. 마치 남의 일 보듯

같은 이스라엘 백성을 치려고 하지 말라는 것입니다. 어떤 이들은 다른 사람의 죄를 다룰 때 "도대체 어떻게 그런 말도 안 되는 짓을 할 수 있어?" 하면서 마치 자신은 절대로 잘못하지 않을 것처럼 말합니다. 그러나 하나님은 그런 태도를 보기 싫어하십니다. 내 형제가 범죄해서 그를 바로잡아야 한다면 나도 그만큼 울어야 하고 나도 그만큼 아파해야 합니다. '눈물 한 방울 흘리지 않고, 피 한 방울 흘리지 않고, 시간 하나 손해보지 않고, 돈 한 푼 손해보지 않고 어떻게 말 한마디로 형제와 자매의 잘못을 바로잡으려 하느냐? 형제를 바로잡으려면 너희도 그만큼 대가를 지불해야 한다'는 것입니다. 교회 안에서, 특히 믿는 자들 안에서 다른 사람의 잘못을 아무 부담 없이 비판하려 들면 절대로 안 됩니다. 내 형제와 자매를 비판하려면, 그가 당할 정신적인 고통을 내가 먼저 느껴야 합니다. 그렇게 할 수 없다면 아예 입을 다무는 편이 낫습니다.

이스라엘 지파들이 패배한 또 다른 이유는 하나님이 베냐민을 철저하게 멸망시키기로 작정하신 데 있었습니다. 만약 베냐민이 한두 번 싸워서 대패했다면 어쩔 수 없이 항복하고 이스라엘 사람들의 요구조건을 들어 주었을 것입니다. 그렇게 한다면 같은 이스라엘 백성들끼리 용서해 주지 못할 이유가 뭐가 있겠습니까? 그러나 베냐민은 두 번이나 크게 승리했기 때문에 자기들이 옳다고 확신해 버렸고, 세번째 싸움에서 거의 모든 사람이 죽을 때까지도 자신들이 패배했다는 사실을 알지 못했습니다. 어떤 사람이 잘못하고 있는 것이 분명한데도 거듭거듭 일이 잘되고 있다면, 하나님이 그를 다시는 용서하지 않으시고 확실하게 버리기로 작정하신 것인 줄 알아야 합니다.

오늘 우리는 진정한 권위가 상실된 시대에 살고 있습니다. 우리나라에는 다른 사람들을 설득해서 의견을 하나로 모을 만한 권위를 가진 사람이 없습니다. 저마다 자기만 똑똑하다고 합니다. 이런 상태로 나아가면 굉장히 비싼 대가를 지불하게 되지 않을 수 없습니다.

교회도 마찬가지입니다. 교회에 전혀 권위가 없습니다. 제가 처음 교회를 세울 때 싸워야 했던 것이 바로 이 부분이었습니다. 교회가 워낙 난립하다 보니 사람들이 교회를 다방처럼 생각하고 있었습니다. 교회 숫자나 다방 숫자나 똑같다는 거예요. 그러니까 교회가 자기 마음에 안 들면 얼마든지 옮길 수 있다는 것입니다. 교회가 사람들이 떠나는 것을 겁내고 교인 수가 줄어드는 것을 겁내면 성경대로 가르칠 수도 없고 죄와 싸울 수도 없습니다. 그래서 제가 내린 결론이 '회중을 다 잃어도 좋다. 교인들이 다 떠나도 좋다. 나는 오직 성경이 말씀하는 바를 분명히 전하겠다'는 것이었습니다.

예수님은 베드로에게 이렇게 말씀하셨습니다. "또 내가 네게 이르노니 너는 베드로라. 내가 이 반석 위에 내 교회를 세우리니 음부의 권세가 이기지 못하리라. 내가 천국 열쇠를 네게 주리니 네가 땅에서 무엇이든지 매면 하늘에서도 매일 것이요 네가 땅에서 무엇이 든지 풀면 하늘에서도 풀리리라"(마 16:18-19).

　여기에서 "음부의 권세"는 죄의 세력을 가리킵니다. 교회는 죄와 싸우는 곳입니다. 만약 교인 중에 누가 공공연하게 죄를 짓고 있는데도 그가 집사이고 장로이고 교회의 유력한 인물이기 때문에 아무 말 하지 못한다면 그 교회는 이미 음부의 권세에 삼키운 것입니다. 베드로에게 천국의 열쇠를 주신다는 것은, 베드로 개인에게 사람을 천국에 들여보내거나 들여보내지 않을 권한을 주신다는 뜻이 아닙니다. 이것은 사도의 대표에게 주시는 권세입니다. 즉 공동체로서의 교회에 주시는 권세인 것입니다. '매고 푼다'는 것은 죄 때문에 어떤 것을 금지하거나 그 금지를 해제하는 일을 가리킵니다. 교회는 죄와 싸우기 위해 일정 기간 출입을 제한하거나 성찬을 중지하는 등의 금지령을 내릴 수 있습니다. 또 경건의 훈련을 위해 어떤 일을 하지 못하도록 결정해서 권면할 수 있습니다. 이렇게 교회가 신중하게 결정을 내렸을 때에는 "성경에 그런 근거가 어디 있느냐?" 하면서 덤벼들거나 불순종하면 안 됩니다. 교회는 내 마음에 들지 않는다고 해서 마음대로 거부할 수 있는 대상이 아닙니다.

　이스라엘 백성들이 기브아를 징계하기 위하여 몰려든 것을 보면 완전히 죄에 삼키우지는 않았던 것 같습니다. 죄에 삼키운 쪽은 베냐민이었습니다. 그들은 난동을 부린 불량배들을 징계하지 못했습니다.

얼마 전에 총회는 다락방 단체를 이단으로 규정하고, 거기에 참여하고 있는 목사들에게 탈퇴를 명했습니다. 그런데 오히려 목사직을 포기하고 그 단체를 떠나지 않는 사람들이 있었습니다. 자신들이 옳다는 확신 때문에 총회의 결정을 인정하지 않은 것입니다. 그렇게 똑똑한 사람들이 하물며 개인의 충고를 받아들일 수 있겠습니까?

그런데 이스라엘 백성들이 베냐민의 죄를 처리하는 방식을 보면 좀 감정적이라는 생각이 듭니다. 이보다 좀더 지혜로운 방법은 없었을까요? 베냐민과 전면전에 돌입하는 것 외에는 그들의 죄를 깨우칠 방법이 없었을까요? 예를 들어 그들이 전쟁을 하겠다고 나서도 "전쟁을 하더라도 1년 후에 하자. 그동안 너희 행동에 대해 한번 생각해 봐라"라고 할 수는 없었을까요? 설사 그 사이에 기브아의 깡패들이 도망친다고 해도, 베냐민 사람들이 진정으로 회개할 기회를 찾을 수만 있다면 그편을 택하는 것이 더 낫지 않을까요?

그러나 레위인의 개인적인 분노, 율법을 아는 지식인의 이 교활한 분노는 결국 이스라엘 백성 전체를 전쟁터로 끌어들이고 말았습니다. 진정한 권위를 잃은 이스라엘은 이 기질 강한 한 사람에게 휘둘려 버렸습니다.

하나님은 베냐민을 징계하려는 이스라엘 사람들부터 죽게 하심으로써, 형제를 죽이려면 그들 자신이 먼저 울어야 한다는 것을 깨우쳐 주셨습니다. 다른 사람의 죄를 지적하려면 자기 자신이 먼저 그만큼 아파할 각오를 해야 합니다. 그래서 그 징계에 추호라도 감정적인 선입견이 들어가지 못하게 해야 합니다.

오늘 우리가 원하는 것은 진정한 용서의 영이 임하시는 것입니다. 용서의 영이 우리 안에 임하셔서 다른 사람에 대한 감정적인 분노를 가라앉혀 주시고, 내 생명이 귀한 만큼 다른 사람의 생명도 귀하다는 것을 깨닫게 하시며, 어떤 식으로든 상대방의 존귀한 삶을 회복시키는 데 우리의 삶을 사용해 주시는 것입니다. 내가 화를 낸다고 해서 이미 생긴 피해가 없어지는 것은 아니지 않습니까? 그렇다면 일이 이미 터졌다는 사실을 인정하고, 어떻게 하면 이 상황에서 피해를 더 확산시키지 않고 한 사람이라도 더 살릴 수 있는가, 무엇이 최선의 길인가를 냉정하게 생각할 수 있어야 합니다. 그러려면 용서의 영이 우리 마음에 임하셔야 합니다.

누가 평화의 사도가 될 수 있습니까? 다른 사람에게 맞아도 욕하지 않는 사람입니다. 다른 사람이 나의 것을 빼앗아 가도 보복하지 않는 사람입니다. 물론 우리 눈에는 바보처럼 보이지요. 그러나 예수님이 바로 그런 바보였습니다. 그는 십자가에 달려 죽어 가면서도 자신을 못 박는 자들을 욕하지 않으셨습니다. 어떻게 그렇게 하실 수 있었습니까? 자신을 못 박고 있는 사람들 뒤에 사탄이 있다는 것을 아셨기 때문입니다. 사탄에게 속아서 이렇게 악하게 행동한다는 것을 아셨기 때문에 그는 사람을 미워하지 않으셨습니다.

나에게 해를 입힌 사람이 죽기를 바랍니까? 설사 그가 죽는다 해도 그와 비슷한 사람들이 수백 명 더 생길 수 있습니다. '저 사람이 이렇게 나를 괴롭히는 것은 나를 훈련시키고 연단시키기 위해서이다'라고 생각하십시오. 내가 굳이 보복하지 않아도 하나님이 알아서 갚아 주실 것입니다.

오늘 아무도 미워하지 않기로 결심합시다. 짧은 인생 살면서 다른 사람들을 미워할 필요가 뭐가 있습니까? 그들이 못되게 구는 것은 사탄에게 속고 있기 때문입니다. 자신이 얼마나 소중한 존재인지 몰라서 그런 거예요. 우리는 오히려 안타깝게 생각하면서 그들을 위해 눈물을 흘릴 수 있어야 합니다.

다른 사람을 나보다 낮게 여기고 기꺼이 복종하십시오. 나 혼자 잘났다고 생각하고 매사를 내 뜻대로 하려고 들면 나중에 비싼 대가를 지불하게 되어 있습니다. 설사 다른 사람의 말이 금방 납득되지 않는다 해도 그의 의견을 존중하며 가능한 한 복종하려는 마음을 가질 때, 하나님이 우리를 평화의 사도로 사용하시며 우리의 삶을 평강으로 지켜 주실 것입니다.

7
이스라엘 내전의 결과

…… "이스라엘의 하나님 여호와여, 오늘날 이스라엘 중에 어찌하여 한 지파가 이지러졌나이까?" ……

사사기 20:29-21:4

요즘 한 신문에는 한국전쟁의 성격에 대한 어느 교수의 주장을 반박하는 기사가 연일 게재되고 있습니다. 그 교수는 국정에 중요한 영향을 끼칠 수 있는 위치에 있는 사람인데, 한국전쟁 초기의 성격을 민족 해방 전쟁으로 규정했다는 것입니다. 그 신문은 이것이 북한의 주장과 비슷하다고 해서 그 교수의 사상을 문제 삼고 있습니다.

한국전쟁은 이데올로기 전쟁이었습니다. 이데올로기의 차이 때문에 너무나도 많은 사람들이 죽어야 했고, 결국 이긴 쪽도 없고 진 쪽도 없이 전 국토가 폐허가 되고 말았습니다. 도대체 이데올로기가 무엇이길래 같은 민족끼리 이렇게 많은 사람을 죽여야 하며 서로를 적대시해야 합니까? 북한 이데올로기는 아직까지도 우리의 안전에 최대의 위협이 되고 있습니다.

전에는 '북한'이라고 하면 무조건 나쁜 적으로 규정했습니다. 그런데 이제는 소도 보내고 쌀도 보내다 보니 군인들에게 도대체 누가 우리의 적인지 정신 교육을 시키기가 어려워졌다고 합니다. 적이 누구인지 모르면서 밤낮없이 총을 들고 지킬 수는 없지 않습니까? 그래서 요즘은 군대에서 북한 전체를 적으로 규정하기보다는 공산당이나 북한 군대를 적으로 규정하고 있는 것 같습니다.

사실 북한 전체를 적으로 규정하는 것과 구체적으로 총을 들고 우리를 대적하는 자들만 적으로 규정하는 것 사이에는 엄청난 차이가 있습니다. 만일 북한 전체를 적으로 규정한다면 쌀이나 소 같은 것을 보내서는 안 되며, 마지막 한 사람이 쓰러질 때까지 사생결단하고 싸워야 할 것입니다. 그러나 총을 들고 우리를 위협하는 자들만 적으로 생각하면 싸워야 할 대상의 범위가 훨씬 좁아집니다.

사사기 끝부분은 이스라엘이 왕국이 되기 전에 일어난 내전에 대해 상세하게 기록하고 있습니다. 이것은 베냐민과 이스라엘 다른 지파들 사이에 일어난 전쟁으로서, 이스라엘 사람들도 피해를 입었지만 베냐민 지파는 거의 멸종할 정도로 큰 피해를 입었습니다. 그런데 이 전쟁의 원인은 정치적이나 경제적인 데 있었던 것이 아니라 신앙적인 데 있었습니다. 그것도 신앙의 자유를 인정하느냐 인정하지 않느냐 하는 것 때문에 일어난 전쟁이 아니라, 레위인의 첩을 욕보이고 죽인 기브아의 불량배들을 내놓으라는 총회의 결정을 베냐민 지파가 거부함으로써 일어난 전쟁이었습니다.

전쟁을 할 때는 명분이 중요합니다. 명분 없이 그렇게 많은 물자를 동원하고 그렇게 많은 사람들을 죽게 할 수는 없기 때문입니다. 어떤 나라나 민족이든지 자신들의 안전에 치명적인 위협이 없는 한 절대로 전쟁을 벌여서는 안 됩니다. 그런데 이스라엘 백성들은 한 레위인의 첩이 죽은 문제로 내전을 벌여서 서로 간에 큰 피해를 입었고, 특히 베냐민 지파는 남자 600명을 제외한 모든 여자와 어린아이, 심지어 짐승들까지 무차별로 학살당했습니다. 과연 이것이 정당한 일입니까? 아무리 죄 때문에 전쟁을 일으켰다 하더라도 여자와 아이와 짐승들까지 무차별로 죽인 것이 옳은 일입니까?

이미 한국전쟁이라는 내전을 겪은 우리는 새로운 세기를 바라보는 이 시점에서, 정말 우리가 피를 흘리며 싸워야 할 적이 누구냐 하는 문제를 새롭게 돌아볼 필요가 있습니다.

내전의 명분

이스라엘 백성들이 가나안 땅에 들어간 지 얼마 되지 않아서 이렇게 큰 내전이 일어난 이유가 무엇입니까? 죄 때문입니다. 이스라엘 백성들의 마음속에는 이스라엘 전체는 한몸으로서, 어느 한쪽이 병들거나 부패하면 다른 쪽도 같이 병들게 된다는 공동의 책임 의식이 있었습니다. 그래서 같은 이스라엘 백성인 기브아 사람들이 그곳에 유숙하려고 방문한 레위인의 첩을 밤새 욕보이고 죽인 사건을 이스라엘의 한 부분이 병들어 가고 있는 증세로 심각하게 받아들였습니다. 그들은 미스바에서 총회를 열어 이 문제에 대해 논의했고, 베냐민 지파에게 그 범죄자들을 내놓으라고 요구했습니다. 그런데 베냐민 지파가 이 정당한 요구를 거부함으로써 내전이 발발한 것입니다.

이스라엘 총회의 요구는 누가 봐도 정당한 것이었습니다. 그러나 베냐민 지파는 이스라엘 안에서 죄를 척결하는 일에 공동 책임이 있었음에도 불구하고 이 범죄자들을 두둔하면서 전쟁 준비에 돌입했습니다. 그렇다면 이 전쟁에서는 이스라엘 사람들이 이겨야 마땅합니다. 그들은 정당한 전쟁을 하고 있고 정의의 편에 서 있기 때문입니다. 그런데도 이스라엘은 두 번이나 크게 패배했습니다. 그들의 문제가 무엇이었습니까?

우선 그들은 베냐민의 죄를 처리하는 데 신중하지 못한 모습을 보여 주었습니다. 그들은 피해자인 레위인의 일방적인 진술만 듣고 너무나도 쉽게 베냐민 지파 전체를 적으로 규정해 버렸습니다. 그 증거가 몇 가지로 나타나는데, 첫번째가 그들 중 한 사람도 돌아가지 않고 기브아를 치기로 결정한 것입니다. "모든 백성이 일제히 일어나며 가로되 '우리가 하나라도 자기 장막으로 돌아가지 아니하며 하나라도 자기 집으로 들어가지 아니하고 우리가 기브아 사람에게 이렇게 행하리니 곧 제비 뽑아서 그들을 치되'"(20:8-9).

또한 그들은 베냐민 사람들에게는 아무도 딸을 주지 않기로 맹세했습니다. "이스라엘 사람들이 미스바에서 맹세하여 이르기를 '우리 중에 누구든지 딸을 베냐민 사람에게 아내로 주지 아니하리라' 하였더라"(21:1). 이것은 베냐민 지파 전체를 가나안 족속과 똑같이 취급하겠다는 뜻입니다. 하나님은 이스라엘 백성들에게 가나안 사람들과 결혼하지 말라고 하셨습니다. 가나안 사람 전체를 이스라엘의 적이자 멸망의 대상으로 보셨기 때문입니다. 이스라엘 백성들은 기브아 사건으로 볼 때 베냐민 지파 전체가 이미 가나안화되었다고 판단하고, 베냐민의 남자들뿐 아니라 여자와 아이와 짐승들까지 전부 적으로 규정해 버렸습니다.

이스라엘 백성들이 가나안 땅을 침공한 방식에는 세 가지가 있습니다. 첫째는 여리고 방식입니다. 여리고는 이스라엘 백성이 가나안에 들어와 최초로 공격한 성이었습니다. 하나님은 죄악의 상징이었던 여리고 성을 초자연적인 능력으로 무너뜨리셨고, 그 안에 있는 것은 사람이나 짐승이나 물건이나 아무것도 손대지 말고 다 죽이게 하셨습니다. 이렇게 하는 것을 '헤렘'이라고 합니다. 그것들은 저주받은 것들이므로 절대 손대지 말고 완전히 진멸해야 한다는 것입니다. 둘째는 아이 방식입니다. 아이 성을 공격할 때는 여리고 성을 공격할 때와 달리 사람만 죽이고 짐승과 물건은 전리품으로 취할 수 있었습니다. 셋째는 기브온 방식입니다. 기브온 사람들은 여호수아 때 마치 먼 곳에 사는 사람들인 양 가장해서 이스라엘 백성들과 화친의 언약을 맺었습니다. 이처럼 속아서 맺은 조약이기는 했지만, 그래도 이스라엘은 그들을 공격하지 못하는 것은 물론이고 그들이 공격을 당할 때 오히려 보호해 줄 책임까지 지게 되었습니다.

그런데 이스라엘 백성들은 동족인 베냐민 지파를 마치 여리고 성 대하듯이 하고 있습니다. 베냐민을 철저하게 저주하면서, 그들을 멸하기 전에는 한 사람도 돌아가지 않을 것이며 그들에게는 자기 딸들을 주지 않겠다고 맹세에 맹세를 거듭한 것입니다. 실제로 세번째 전투에서 이들이 남녀노소를 가리지 않고 죽이는 바람에 베냐민 지파에는 남자 600명밖에 남지 않았습니다. 그나마 그쯤에서 진정되지 않았더라면 그 600명마저 다 죽여 버렸을 것입니다.

베냐민 지파가 범죄자를 감싸고 이스라엘 총회의 정당한 요구를 거부한 것은 잘못입니다. 그러나 그렇다고 해서 이렇게 여자와 아이 할 것 없이 한 지파 전체를 적으로 규정한 것이 과연 정당하냐 하는 것에는 의문의 여지가 있습니다.

또 한편으로 이스라엘은 자신들의 수적인 우세를 과신했습니다. 그들은 400,000명이나 되었지만, 베냐민 지파는 30,000명이 채 되지 못했습니다. 그들은 자신들이 정당한 편에 서 있을 뿐 아니라 군사도 많으니만큼 당연히 승리할 것이라고 믿었습니다. 그러나 예상밖으로 큰 손실을 입으면서 두 번이나 대패하게 되자 큰 딜레마에 빠지게 되었습니다. 한번 생각해 보십시오. 절대 질 리가 없는 싸움에 두 번이나 크게 졌으니 얼마나 마음에 혼란이 왔겠습니까?

예를 들어 어떤 학생이 시험에 꼭 붙을 것이라고 확신했는데 어이없이 떨어졌다면 그 결과를 받아들이기가 너무나 어려울 것입니다. "뭔가 중요한 사무착오가 생긴 것이 틀림없어. 그렇지 않다면 어떻게 내가 떨어질 수가 있어? 이건 분명히 무슨 문제가 있는 거야!" 시합도 마찬가지입니다. 도저히 질 리가 없는 시합에서 엄청나게 패하고 나면 다음 시합을 할 의욕이 생기지 않습니다.

이스라엘 사람들은 자신들이 의로운 전쟁을 하고 있고 숫자도 많기 때문에 당연히 이기리라고 낙관했습니다. 그러나 뜻밖에 대패하게 되자, 마음이 낮아져서 하나님 앞에 무릎을 꿇고 물었습니다. "하나님, 도대체 무엇이 잘못되었길래 우리가 이렇게 크게 패배했습니까? 우리의 잘못이 무엇인지 가르쳐 주십시오."

하나님은 이스라엘 백성들이 정당하다고 해서 까불지 못하게 하셨습니다. 다른 사람의 죄를 다루고 생명을 다루는 문제를 장난하듯이, 농담하듯이 하지 못하게 하셨습니다. 이스라엘 백성들은 두 번이나 참패하면서 크게 겸손해졌고 진지해졌습니다.

반면에 베냐민 지파 사람들은 더더욱 기고만장해졌습니다. 그들은 첫번째 전투에서 22,000명을 죽였고, 두번째 전투에서는 18,000명을 죽였습니다. 두 번의 전투로 40,000명이나 되는 이스라엘 사람들을 죽인 것입니다. 그렇다면 베냐민 지파 안에서도 자성의 목소리가 나왔어야 마땅합니다. "우리가 기브아의 불량배들을 감싸는 바람에 무죄한 이스라엘 사람 40,000명이 죽었다. 이런 식으로 동족의 피를 흘려서야 되겠는가? 이제 그만 불량배들을 내주고 전쟁을 끝내자" 하는 이야기가 나왔어야 해요. 그러나 그들은 오히려 더 피에 굶주린 이리가 되어 버렸습니다. 처음에는 양쪽 다 비슷했습니다. 그러나 전쟁을 두 번 겪으면서 한쪽은 진지해지고 겸손해진 반면, 다른 한쪽은 더욱더 교만해졌습니다.

우리는 옳은 편에 서 있다고 생각할 때 상대방을 과소평가하기 쉽습니다. 물론 옳으냐 그르냐도 중요합니다. 그러나 하나님은 내가 옳은 편에 서 있더라도 자만하지 말고 겸손하며 진지하기를 바라십니다. 특히 상대방의 인격이 달린 문제, 사활이 달린 문제를 다룰 때에는 더 진지해져야 합니다.

자신은 분명히 정의의 편에 서 있고 아무리 생각해도 이기게 되어 있는데 크게 패배하거나 좋지 않은 결과가 나올 때에는 당연히 가치관의 혼란이 오게 되어 있습니다. 나는 기도하면서 이 일을 했고, 분명히 이렇게 하는 것이 옳다고 판단해서 이 일을 했습니다. 그런데도 실패했다면 그것은 무엇 때문입니까? 이 질문에 대한 대답은 내가 옳은 편에서 일했다는 것 자체가 모든 축복을 보장해 주는 것은 아니라는 데 있습니다. 내가 정말 옳은 편에 서 있다면 더 겸손해져야 하고 더 진지해져야 합니다. 이것이 하나님이 원하시는 자세입니다.

이스라엘의 매복 작전

이스라엘 사람들은 두 번이나 크게 패배한 후 비로소 작전을 세웁니다. 그 작전이란 베냐민 사람들을 기브아 성에서 끌어내는 것이었습니다. "이스라엘이 기브아 사면에 군사를 매복하니라. 이스라엘 자손이 제3일에 베냐민 자손에게로 치러 올라가서 전과 같이 기브아를 대하여 항오를 벌이매 베냐민 자손이 나와서 백성을 맞더니 꾀임에 빠져 성읍을 떠났더라"(20:29-31 상).

이스라엘 사람들은 자신들이 정의의 편에 서 있고 하나님이 함께 하시니만큼 아무 노력 없이도 쉽게 승리할 수 있으리라고 생각했습니다. 그러나 두 번의 패배를 겪은 후에 깨달은 것이 무엇입니까? 아무리 하나님이 함께하셔도 자기들은 자기들 나름대로 머리를 짜내서 죽도록 싸워야 한다는 것입니다.

우리는 구약성경을 읽을 때 이스라엘이 가만히 앉아서 승리한 것처럼 오해하기 쉽습니다. 물론 결과만 놓고 보면 쉽게 이긴 것 같지요. 그러나 실제로는 전쟁을 치를 때마다 사력을 다해야 했습니다. 싸움이 끝나고 나서 돌이켜 보면 자신들이 이렇게 엄청난 승리를 얻었다는 것이 너무나 놀라워서 마치 거저 이긴 것 같은 생각이 듭니다. 그러나 실제로는 그들도 그들 나름대로 열심히 머리를 짜내서 작전을 세웠고, 목숨을 걸고 싸웠습니다.

기도하고 가만히 앉아서 기다리면 모든 일이 저절로 이루어질 것이라고 오해하는 그리스도인들이 많습니다. 그러나 하나님의 일을 해 본 사람들이 고백하는 바는, 큰 일이든 작은 일이든 쉬운 것은 하나도 없다는 것입니다. 물론 하나님이 함께하시고 축복하십니다. 그러나 자기도 자기 나름대로 있는 머리 없는 머리 다 짜내야 하고 매 순간 최선을 다해야 합니다. 나중에 결과를 보면 엄청납니다. 하나님이 함께하신 것이 분명합니다. 그러나 그저 가만히 앉아서 기다렸는데 그런 결과가 나온 것은 아닙니다.

이스라엘 백성들은 하나님이 함께하셔도 작전이 필요하다는 것을 깨달았습니다. 그래서 두 번의 패배 끝에 드디어 작전을 짜기 시작했습니다. 그들이 패배한 원인이 어디 있었습니까? 돌팔매질하는 700명에 대한 대책이 없었기 때문입니다. 수적으로 열세였던 베냐민은 전쟁을 위해 많은 대비를 하고 있었던 반면, 이들은 순진하게 "하나님이 함께하신다! 앞으로 나가자!" 하다가 다 맞아 죽은 것입니다.

그들은 베냐민의 저격병들을 무력화시키지 않는 한 승산이 없다는 것을 알게 되었습니다. 아무리 아군의 수가 많다 해도 이쪽은 다 노출되어 있고 상대방은 숨어서 저격하는데 무슨 수로 당하겠습니까? 마치 해병대가 상륙 작전을 할 때와 같습니다. 진지에 숨어 있는 병사들은 육지에 상륙하는 해병대원들을 뻔히 보면서 저격할 수 있다는 점에서 훨씬 유리합니다. 제2차 세계대전 때 노르망디 상륙 작전에서 미군이 가장 큰 피해를 입은 곳은 오마하 해변이었습니다. 미군은 함포 조준을 잘못해서 진지의 뒤쪽을 포격했습니다. 그 바람에 진지는 무사했고, 상륙하는 미군들을 눈에 보이는 대로 쏘아 죽일 수 있었습니다. 이스라엘 사람들도 미군처럼 그대로 노출되어 있었기 때문에 성 안에서 정확하게 날아오는 돌팔매를 피할 수가 없었습니다. 그들은 이 저격병들을 들판으로 끌어낼 계획을 세웠습니다.

베냐민 사람들은 세번째 전투에서도 이스라엘 사람들을 30명 가량 죽였습니다. 승리를 자신한 이들은 성을 지킬 생각도 하지 않고 전부 뛰쳐나와 도망가는 이스라엘 사람들을 추격했습니다. 아마 이들도 처음에는 동족과 이런 전쟁을 한다는 데 양심의 가책을 느꼈을 것입니다. 그러나 두 번의 승리가 그들의 마음을 더 굳어지게 만들었고 자기들이 옳다는 확신을 갖게 만들었습니다. 죄를 지었는데도 일이 잘 풀리면 마음이 점점 굳어져서 정상적인 판단을 내리지 못하게 되는 법입니다.

그들의 문제가 무엇이었습니까? 이스라엘 사람들을 너무 우습게 안 것입니다. 아무리 똑똑하고 잘 싸운다 하더라도 자신들은 30,000명이 채 안 되는데 상대는 400,000명에 이릅니다. 40,000명을 죽였다 해도 아직 360,000명이나 남아 있는 거예요. 그런데도 그들은 승리를 자신하고 전부 성에서 뛰쳐나왔습니다.

사사기 20장은 이스라엘이 복병을 써서 베냐민 지파를 이겼다는 내용을 두 번이나 기록하고 있습니다. 일단 대략적인 보고를 한 후,

좀더 상세한 속보를 전하고 있는 것입니다. 이것은 이 전쟁이 이스라엘에게 얼마나 중요한 사건이었으며, 긴급하게 알려야 할 필요가 있는 사건이었는지를 보여 줍니다.

처음에 나오는 것은 대략적인 보고로서, 이스라엘이 복병을 쓴 일과 베냐민 사람들이 거의 마지막까지 자기들이 망한 줄도 모르고 싸웠다는 내용을 기록하면서 총 25,100명의 베냐민 사람들이 죽었다고 전하고 있습니다. 두번째 보고는 좀더 상세합니다. 이스라엘 사람들은 처음에 도망치는 척하다가 큰 연기를 신호로 삼아 양쪽에서 베냐민을 협공했습니다. 성을 떠난 베냐민 사람들은 물을 떠난 물고기처럼 무력해졌고, 이스라엘 백성들은 길에 떨어진 이삭을 줍듯이 그들을 진멸했습니다. 전쟁에서 죽은 베냐민 사람이 18,000명이었고 추격을 당해 죽은 사람이 5,000명, 기돔이라는 곳으로 도망치다가 죽은 사람이 2,000명으로서, 도합 25,000명이 죽었습니다. 생존자는 림몬 바위로 도망친 600명밖에 없었습니다. 이스라엘 백성들은 성으로 돌아와 여자와 아이와 짐승들까지 남김 없이 다 죽였습니다. "이스라엘 사람이 베냐민 자손에게로 돌아와서 온 성읍과 가축과 만나는 자를 다 칼날로 치고 닥치는 성읍마다 다 불살랐더라" (20:48).

처음에 이스라엘 백성들은 이 전쟁을 그렇게 심각하게 생각하지 않았습니다. 수적으로 워낙 우위에 있었기 때문에 대충 혼내 주면 항복할 줄 알았어요. 그러나 실제 싸움은 그렇게 간단하지 않았습니다. 그들은 결사적으로 덤벼드는 베냐민 사람들에게 큰 타격을 받았습니다. 나중에라도 사력을 다해 싸우지 않았다면 더 큰 피해를 입었을 것입니다.

오늘 우리들에게 필요한 것은 진지한 태도입니다. 아무리 작은 일이라도 소홀히 넘겨서는 안 됩니다. 아마추어는 큰 것만 생각하지만 프로는 아주 작은 부분까지 진지하게 다룹니다. 실력이 비슷한 프로의 세계에서는 이런 작은 부분에서 승패가 결정되는 경우가 많기 때문입니다. 우리는 아무리 하나님의 뜻이라는 확신이 있는 일을 할 때라도, 작은 부분 하나하나마다 진지하게 사력을 다해야 합니다.

이스라엘 백성들이 맹세를 한 것은 사실이지만, 그렇다 해도 지쳐서 쉬고 있는 자들이나 기돔으로 도망친 자들, 또 성 안에 있던 여자들과 아이들과 짐승들까지 죽인 것은 과연 옳은 일일까요? 이스라엘 백성들이 하는 짓을 보면 꼭 어린아이들 같다는 생각이 듭니다. 아이들한테 무슨 일을 시키면 성의 없이 할 때가 많습니다. 그래서 한번 야단을 치면 어떻게 됩니까? 그 다음부터 너무 열심을 낸 나머지 오히려 일을 망쳐 버리는 경우가 종종 생깁니다. 예를 들어 선생님이 반마다 꽃밭을 배정해 주고 풀을 뽑게 했다고 합시다. 그런데 아이들이 풀은 뽑지 않고 잡담만 하는 것입니다. 그래서 선생님이 반장들과 많이 떠든 아이들 한두 명씩을 크게 야단을 쳤더니, 그때부터 아이들이 너무 열심을 낸 나머지 풀만 뽑는 것이 아니라 꽃까지 다 뽑아 버렸습니다. 꽃밭은 엉망이 되고 말았습니다.

이스라엘 백성들이 한 짓이 바로 이런 것이었습니다. 그들은 처음에 승리를 과신하고 쉽게 전쟁을 하려 했습니다. 그런데 두 번 패배하고 나더니 너무 열심을 낸 나머지 여자와 아이와 짐승들까지 싹 다 죽여 버린 것입니다. 우리도 신앙생활 하기 힘들지만, 하나님도 참 힘드십니다. 좀 교만한 것 같아서 눌러 놓으면 잔뜩 침체되어서 밥도 안 먹는다고 하고, 조금만 풀어 주면 눈에 불을 켜고 사업한다고 돌아다니고 차 바꾼다고 설쳐 댑니다.

그렇다면 이스라엘 사람들이 베냐민 지파를 어느 정도까지 쳤다면 적절했겠습니까? 저는 주력부대인 18,000명을 쓰러뜨렸을 때 전쟁을 끝냈다면 좋았을 것이라고 생각합니다. 왜 도망치는 사람들을 끝까지 추격해서 죽이고, 다시 돌아와 여자와 아이와 짐승들까지 죽입니까? 이것은 분노입니다. 자기편이 40,000명이나 죽고 나니까 화가 나서 다 죽인 것입니다. 그들의 지나친 분노는 베냐민 지파를 거의 멸망시키기까지 그치지 않았습니다.

내전의 결과

최초로 벌어진 내전은 모든 이스라엘 백성들의 마음속에 큰 상처를 남겼습니다. 이스라엘 편이 승리하긴 했지만 기뻐하는 사람은 아무도 없었습니다. 그들은 모두 벧엘에 모여서 대성통곡했습니다.

"백성이 벧엘에 이르러 거기서 저녁까지 하나님 앞에 앉아서 대성통곡하여 가로되 '이스라엘의 하나님 여호와여, 오늘날 이스라엘 중에 어찌하여 한 지파가 이지러졌나이까?' 하더니"(21:2-3).

이스라엘 백성들의 꿈이 무엇입니까? 이스라엘 열두 지파는 영원할 것이며, 하나님께서 이 열두 지파로 온 세계를 품게 하시리라는 것입니다. 그런데 가나안 땅을 정복하기도 전에 자기들끼리 싸워 열두 지파의 한쪽이 이지러져 버렸습니다. 공 전체가 팽팽하게 커져야 하는데 벌써 한쪽이 찌그러져 버린 것입니다.

이스라엘 백성들의 미래관은 대단히 낙관적이었습니다. 그들은 이스라엘 한 지파 한 지파가 커지고 또 커져서 나중에는 온 세상에 가득해질 것을 기대했습니다. 그런데 이런 낙관적인 미래관을 완전히 깨뜨린 것이 바로 이스라엘 대 베냐민의 내전이었습니다. 물론 그들이 믿는 바대로 하나님의 나라는 커질 것입니다. 그러나 그 과정에서 수없이 많은 죄의 대가를 지불해야 하며, 만약 이스라엘이 죄와 싸워서 이기지 못한다면 이스라엘 한쪽뿐 아니라 전체가 찌그러질 수도 있다는 것을 이 사건은 보여 주었습니다.

19세기 유럽의 미래관은 철저하게 낙관적인 것이었습니다. 과학기술의 경이로운 발전은 완전한 유토피아를 보장해 주는 것처럼 보였습니다. 그래서 신학에서도 후천년설이 인기를 끌었습니다. 후천년설이란 세상이 점점 복음화되고 문명화되어서 결국 온 세상에 복음이 가득해질 때 그리스도가 오시고 천년왕국이 임한다는 주장입니다. 그러나 이런 낙관론은 두 차례에 걸친 세계대전으로 산산조각 나고 말았습니다. 지금 미래에 대해 낙관적인 생각을 가지고 있는 사람은 거의 없습니다.

미래에 대한 그리스도인의 입장은 낙관도 아니고 비관도 아닙니다. 성경이 말씀하는 바대로 인류 역사는 그리스도가 두번째 오실 때까지 계속될 것입니다. 아무리 환경이 오염되고 전쟁 무기가 개발되고 삶의 조건이 열악해져도 그것이 세상의 끝은 아닐 것입니다.

우리에게 중요한 것은 교회를 중심으로 끝까지 죄와 싸우는 것입니다. 이스라엘 백성이 죄를 두둔한 베냐민 지파와 싸운 것은 잘한 일이었습니다. 그러나 그들은 내전의 결과가 이토록 파괴적이고 끔찍할 줄은 몰랐습니다. 그냥 슬슬 싸우다 보면 적당한 수준에서 화해가 될 줄 알고 쉽게 맹세했는데, 그 결과는 처참했습니다.

이스라엘 백성들은 벧엘로 몰려가 하나님 앞에서 대성통곡했습니다. 벧엘은 하나님이 그들의 조상 야곱에게 이스라엘의 미래에 대해 약속하시고 축복하신 곳이었기 때문입니다. 그들은 죄가 불러온 참혹한 결과를 보고 애통해했습니다. 기브아 사람들은 장난삼아 자기 마을에 들어온 외인을 희롱하려고 했을지 몰라도, 그 결과는 한 지파 전체의 전멸로 나타났습니다.

예수님은 산상설교에서 "애통하는 자는 복이 있나니 저희가 위로를 받을 것임이요"(마 5:4)라고 말씀하셨습니다. 여기에서 "애통하는 자"란 어떤 사람입니까? 자기 안에 있는 죄와 그 죄가 불러오는 가공할 결과를 놓고 애통해하는 사람입니다. 죄는 작게 시작됩니다. 그러나 그 결과는 철저한 파멸입니다.

오늘 많은 사람들은 우리나라의 경제적인 어려움을 두고 안타까워하며, 조기 퇴직한 사람들을 보면서 애통해합니다. 어떤 은행에서는 퇴직한 행원의 비디오를 보고 모두 눈이 붓도록 울었다고도 합니다. 퇴직한 사람들의 사연은 가슴이 시리도록 안타깝습니다. 그러나 우리나라 사람들의 땅에 떨어진 도덕성과 그것이 불러올 가공할 결과에 대해서는 애통해하는 사람이 없는 것 같습니다.

이스라엘 사람들이 벧엘에서 대성통곡한 이유가 무엇입니까? 죄가 불러온 엄청난 결과를 보았기 때문입니다. 그들은 밤에 정신없는 불량배 몇몇이 몰려다니면서 사람을 희롱한 것이 이처럼 무서운 결과로 나타나게 될 줄 몰랐습니다. 그런데 눈앞에서 한 지파가 완전히 사라질 지경이 된 것을 목격하게 되자, 그제서야 죄라는 것이 절대 가볍게 생각할 것이 아님을 실감하게 되었습니다. 그렇다면 자기들 안에는 이런 죄가 없습니까? 자기들 안에도 기브아의 불량배들과 똑같은 죄가 있습니다. 베냐민과 똑같은 죄가 있습니다. 아마 다른 지파가 죄지은 동생이나 아들을 내놓으라고 했다면 자기들도 칼 들고 싸웠을 거예요. 베냐민이 먼저 심판을 받았을 뿐이지, 사실은 베냐민이나 자신들이나 오십보 백보였습니다. 지금 베냐민 지파 사람들이 죽어 있는 자리에 자기 자신이나 자기 가족이 죽어

이스라엘 내전의 결과

누워 있다고 생각해 보십시오. 얼마나 두렵고 끔찍한 일입니까?

우리나라는 50년 전에 동족상잔의 비참한 내전을 겪었습니다. 그때 북쪽에 있던 교회들이 완전히 파괴되어 버렸습니다. 우리나라가 해방을 맞이했을 때 가장 먼저 복음화된 곳은 이북 지방이었습니다. 평안도에는 마을 사람들이 거의 다 기독교인이라고 할 정도로 복음화된 곳도 있었습니다. 그러나 공산당이 들어오면서 북에 있던 교회들은 전부 파괴되고 말았습니다. 우리나라 전체를 놓고 보면 교회의 절반이 이지러진 셈입니다. 요즘 남한의 교회들이 문을 두드리고 있기는 하지만, 너무 공격적으로 선교한다는 이유로 이북의 통제가 점점 심해지고 있는 것 같습니다.

이처럼 한국 교회의 절반이 동족상잔의 비극과 함께 이지러진 이유가 무엇입니까? 죄 때문입니다. 우리의 오랜 우상 숭배가 일본의 천황에게 절하게 만들었고, 그렇게 교회가 순결을 잃은 것이 결국 한국 교회의 절반을 이지러뜨리는 비극을 불러왔다고 우리의 선배들은 고백하고 있습니다.

그렇다면 지금 우리는 안전합니까? 옛날 교회가 우상에게 무릎을 꿇었다면, 오늘날의 교회는 돈과 인간의 탐욕 앞에 무릎을 꿇었다고 할 수 있습니다. 외형적으로는 크고 화려해 보이지만 교회의 진정한 역할은 다하지 못하고 있습니다. 교회는 죄를 치료하는 곳이어야 하고 도덕성을 회복시키는 곳이어야 합니다. 그런데 슬슬 놀러 다니듯이 신앙생활 하는 사람들이 너무 많습니다. 그리스도인은 아주 진지해야 합니다. 농담하듯이, 구경하듯이 신앙생활 하면 안 됩니다.

우리의 적은 누구입니까? 사람이 아닙니다. 사람 뒤에서 조정하고 있는 원수 마귀입니다. 왜 이스라엘 백성들은 베냐민을 다 죽여 버렸습니까? 그들 전체를 적으로 규정했기 때문입니다. 그들에게는 상식이 없었습니다. 상식이 있었더라면 대항하지 않는 어린아이들과 여자들까지 죽이지 않았을 것입니다. 진정한 사랑과 집단 이기주의를 구분하지 못하고 죄를 두둔한 것은 잘못이지만, 그렇다고 해서 베냐민 지파 전부를 죽일 이유는 없었습니다.

우리의 적은 사람이 아니라 사상과 가치관과 이데올로기입니다. 우리는 어떻게 해서든지 진리를 밝히고 사람의 건전한 상식을 되살려서, 다시는 공산주의와 같은 공격적이며 마귀적인 사상이 나오지 못하게 해야 합니다. 우리나라에서 운동권이 그렇게 과격해진 이유는 독재 정권에 있습니다. 그리고 그런 독재 정권이 들어서게 된 이유는 죄에 있습니다. 도덕성의 부패가 그런 불의한 정권을 가능케 한 것입니다. 지금 이렇게 IMF가 오게 된 것도 우리의 도덕성이 부패했기 때문입니다. 남의 돈 가지고 편하게 살려고 하다가 나라 전체가 거덜난 것입니다. 우리나라에서 다시는 교회가 파괴되는 비극이 생기지 않게 하려면, 다시는 독재 정권이나 IMF 같은 재앙이 오지 않게 하려면 교회가 빛을 잘 비추어서 사람들의 건전한 상식이 작동하게 만들어야 합니다.

이스라엘이 작은 죄 때문에 이렇게 큰 희생을 치른 것은 진리를 밝히지 않은 대가였습니다. 진리를 밝히지 않으면 작은 죄의 불씨 하나가 가정 전체, 교회 전체, 나라 전체를 태우게 되어 있습니다. 사람들은 비상식적일수록 흑백논리에 빠지는 법입니다. 이 현상은 종교를 가진 사람에게 심하게 나타나고, 목회자에게 더 심하게 나타납니다. 이런 사람들은 자기가 절대적으로 옳다고 믿기 때문에 상대방을 무조건 마귀로 규정해 버립니다. 우리는 이런 독선에 빠지지 않도록 주의해야 합니다. 이스라엘과 베냐민의 내전은 100퍼센트 진리 때문에 일어난 전쟁이었을까요? 명분은 죄를 심판하겠다는 데 있었지만 실제로는 자존심의 대결이었을 가능성이 큽니다.

그리스도인은 어떻게 해서든지 하나님의 은혜를 잃지 않도록 애써야 하며, 분노의 감정에 지배되지 않도록 조심해야 합니다. 용서의 영이 우리를 지배하게 하십시오. 하루에 일흔 번씩 일곱 번이라도 용서하겠다는 마음이 없으면, 이 세상 모든 사람을 멸망시키고 나서도 자기가 마냥 옳은 줄 압니다. 그래서 그리스도인들도 세상 정부의 지배를 받을 필요가 있습니다. 자신의 주관적인 확신으로 지나친 보복을 하게 될 수 있기 때문입니다.

신정정치에 대한 이스라엘의 이상은 바로 여기에서 무너집니다. 신정정치를 하려면 구성원이 모두 하나님의 백성이어야 합니다. 하나님의 백성이 아닌 사람은 다 죽여야 해요. 그러나 하나님은 그렇게 하지 않으셨습니다. 하나님은 불신자라 하더라도 일정한 때가 되기 전까지는 건강하게 자기 재산을 가지고 가정을 지키며 행복하게 살 수 있게 하셨습니다. 그는 악한 자들에게도 햇빛과 비를 주십니다. 그리고 때가 되기 전까지는 가라지를 뽑지 못하게 하십니다. 가라지를 뽑다가 알곡을 해칠 가능성이 있기 때문입니다.

신앙생활을 제대로 하지 않는 사람을 보면 알곡인지 가라지인지 구분되지 않을 때가 있습니다. 완전히 가라지처럼 보이던 사람이 어느 순간 변화되어 눈물 흘리며 신앙생활 하게 되는 경우도 많습니다. 그런데 이스라엘 사람들은 가라지를 뽑는다고 나서서 알곡까지 다 뽑아 버리고 말았습니다. 그들은 하나님보다 더 거룩해지려고 했습니다. 하나님은 몇백 년 이상 이런 죄들을 보면서도 참아 오셨습니다. 그런데 그들은 처음에는 진지하지 못하게 전쟁에 임했다가, 두 번 대패하고 나자 너무 열심을 낸 나머지 알곡과 가라지를 가리지 않고 전부 뽑아 버렸습니다.

다른 사람에 대해 결정적인 정죄를 하지 않도록 조심하십시오. 내 눈에는 가라지로 보여도 실제로는 알곡인 경우가 굉장히 많습니다. 하나님이 한번 역사하시면 우리보다 훨씬 더 훌륭한 그리스도인으로 변화될 사람이 얼마나 많은지 몰라요. 그래서 예수님은 먼저 된 자가 나중 되고 나중 된 자가 먼저 될 것이라고 말씀하셨습니다. 사람이 살아 있는 한 그 사람에 대해 이러니저러니 단정해서는 안 됩니다.

악한 자가 잘될 때 부러워하지 마시기 바랍니다. 악하고 교만한 자가 성공하는 것을 보면 심판 때가 다 되었다는 것을 알고 얼른 도망쳐야 합니다. 그들이 잘되는 것을 조금도 부러워하지 말고 속히 그들을 떠나십시오.

하나님의 일을 할 때 '내가 옳다'는 명분보다 더 중요한 것이 있습니다. 그것은 하나님 앞에 겸손하고 진지한 태도입니다. 하나님은 이것을 위해 이스라엘 백성들에게 두 번씩이나 패배를 안겨 주셨습니다. 하나님이 함께하신다고 해서 저절로 일이 이루어지는 경우는 절대 없습니다. 열정을 가지고 사력을 다해서 하나씩 하나씩 해결해 나갈 때 놀라운 결과를 주시는 것입니다.

이스라엘 백성들은 적을 잘못 규정하는 바람에 대항할 능력이 전혀 없는 사람들까지 다 죽이고 나서 하나님 앞에 대성통곡하게 되었습니다. 이것은 바로 우리나라의 모습이기도 합니다. 이데올로기가 너무 많은 사람을 죽였습니다. 그리고 아직도 우리에게 가장 무서운 적이 되고 있습니다. 교회는 이런 이데올로기나 잘못된 가치관이 사람들에게 피해를 입히지 못하도록 계속해서 진리를 밝혀야 합니다.

8
이스라엘에 왕이 없으므로

> ……그때에 이스라엘에 왕이 없으므로 사람이 각각 그 소견에 옳은 대로 행하였더라.
>
> 사사기 21:5-25

우리나라 민법에는 노름빚을 갚을 의무가 없다고 되어 있습니다. 그러나 그것은 어디까지나 법이 그렇다는 것이지, 실제로 빚쟁이가 하루도 빠짐없이 집이나 직장으로 찾아와 노름빚을 내놓으라고 협박한다면 돈을 주지 않고 버티기가 힘들 것입니다.

요즘 신문에는 다른 이들의 약점을 이용해서 돈을 뜯어내다가 결국 피해자의 고발로 쇠고랑을 차게 된 사람들의 기사가 심심찮게 실리고 있습니다. 예를 들어 어떤 유부녀와 좋지 못한 관계를 가진 남자가 그 사실을 남편에게 알리겠다고 위협하면서 계속 돈을 뜯어내는 식입니다. 물론 남편 있는 여자가 다른 남자와 불륜의 관계를 맺은 것은 분명한 잘못이고 죄입니다. 그러나 그것을 이용해서 계속 협박하고 돈을 뜯어내는 것은 더 큰 죄입니다.

 약점이 있는 사람은 다른 사람에게 말도 못하고 계속 괴롭힘을 당하기 쉽습니다. 얼마 전에는 해결사들이 빚을 갚지 못한 사람의 장기를 억지로 떼내 팔게 했다가 경찰에 구속된 일이 있었습니다. 이제는 돈을 받아내기 위해 남의 콩팥이나 창자까지 떼내는 세상이 되었습니다. 빚을 지거나 죄를 지은 사람은 아무 권리가 없으며 무조건 당하는 수밖에 없다고 생각하는 사람들이 많습니다. 그러나 죄인도 인격이 있으며, 자신이 지은 죄 이상의 고통을 받지 않을 권리가 있습니다. 이런 죄인의 권리를 누가 지켜 줄 수 있겠습니까?

 사사기 마지막 부분에는 내전을 치른 이스라엘 백성들이 자신들이 너무 지나쳤다는 것을 깨닫고 어떻게 해서든지 베냐민을 회복시키고자 애쓰는 모습이 나오고 있습니다. 그들이 남자들뿐 아니라 여자들과 아이들까지 다 죽여서 씨를 말리다시피 하는 바람에, 베냐민에는 림몬 바위로 도망친 남자 600명밖에 남지 않았습니다. 그런데 이스라엘 백성들은 베냐민 사람들에게 딸을 주지 않기로 이미 맹세했기 때문에 가정을 만들어 줄 수가 없었습니다. 결국 그들은 자신들의 맹세를 지키기 위해 또 다른 사람들을 살육해 버렸습니다.

 이스라엘 사람들은 지금까지 여러 번 맹세를 했습니다. 그 맹세 중에는 이번 전쟁에 동참하지 않는 이스라엘 성읍 사람들은 모두 죽인다는 것이 있었습니다. 그래서 그들은 전쟁에 참여하지 않은 야베스 길르앗에 군대를 보내 모두 죽인 다음, 처녀 400명만 살려서 베냐민 사람들에게 주었습니다. 그리고 그렇게 하고도 여자가 모자라니까, 실로의 축제 때 춤추러 나온 처녀 200명을 납치해서 아내로 삼게 했습니다.

오늘 성경 저자는 아무런 논평 없이 이 사실을 냉정하게 기록한 후, 이스라엘에 왕이 없었기 때문에 일이 이렇게 되었다는 식의 결론을 내리고 있습니다. 다시 말해서 이스라엘에 왕이 있었다면 이 지경까지 가지는 않았을 텐데, 왕이 없었기 때문에 이와 같은 문제들이 생겼으며 그 문제들을 수습하는 과정에도 이렇게 많은 무리가 따르게 되었다는 것입니다.

오늘 우리의 목적은, 이스라엘 백성들이 이처럼 무리하게 맹세를 지킨 일이 우리에게 무엇을 의미하는지, 그리고 어떻게 해야 무리가 따르지 않는 신앙생활을 할 수 있는지 살펴보는 것입니다.

이스라엘 백성들의 맹세

이스라엘 백성들은 베냐민 지파를 응징하는 과정에서 많은 맹세를 했고, 결국 그 맹세에 덜미가 잡혀서 더 큰 죄를 저지르게 되었습니다. 그들은 크게 세 번의 맹세를 했습니다. 첫번째는 베냐민 지파를 응징하기 전까지는 아무도 자기 집으로 돌아가지 않겠다는 것입니다. "모든 백성이 일제히 일어나며 가로되 '우리가 하나라도 자기 장막으로 돌아가지 아니하며 하나라도 자기 집으로 들어가지 아니하고'"(20:8). 두번째는 이번 전쟁에 동참하지 않는 지파 사람들은 전부 죽인다는 것입니다. "이스라엘 자손이 가로되 '이스라엘 온 지파 중에 총회와 함께하여 여호와 앞에 올라오지 아니한 자가 누구뇨?' 하니 이는 그들이 크게 맹세하기를 '미스바에 와서 여호와 앞에 이르지 아니하는 자는 반드시 죽일 것이라' 하였음이라"(21:5). 그리고 세번째는 이후로 베냐민 사람들에게는 절대로 딸을 주지 않겠다는 것입니다. "이스라엘 사람들이 미스바에서 맹세하여 이르기를 '우리 중에 누구든지 딸을 베냐민 사람에게 아내로 주지 아니하리라' 하였더라"(21:1).

우리가 이런 맹세들을 보면서 느끼는 것이 무엇입니까? 무언가 지나친 데가 있다는 것입니다. 물론 베냐민 사람들은 죄를 지었고 총회의 정당한 결정을 거부했습니다. 그럼에도 불구하고 이런 맹세까지 한 것은 아무래도 집단적으로 흥분된 분위기에서 충동의 지배를 받은 것 같다는 인상을 줍니다. 즉 베냐민 지파에 대해 무언가 감정적으로 치우친 데가 있었다는 것입니다.

이스라엘 백성들은 왜 이렇게 책임질 수 없을지도 모르는 과격한 맹세를 세 번이나 했을까요? 그들은 첫번째 맹세에 따라 베냐민 사람들을 다 죽인 후에 크게 후회했습니다. 그러나 두번째 맹세에 걸려서 이들에게 아내를 구해 줄 수가 없었습니다. 결국 그들은 세번째 맹세를 근거로 야베스 길르앗 사람들을 전부 죽이고 처녀 400명을 구해 왔습니다. 그리고 그 400명으로도 모자라니까 베냐민 사람들로 하여금 축제 때 춤추러 나온 실로의 처녀 200명을 납치해 오게 했습니다. 그들은 만약 실로 사람들이 항의를 하면 "이것은 딸을 준 것이 아니라 빼앗긴 것이니 맹세에 저촉되지 않는다"며 설득하겠다고 말했습니다.

결국 이 모든 일을 좌우한 것은 그들의 맹세였습니다. 그들은 맹세에 따라 베냐민을 철저하게 응징했습니다. 그리고 맹세 때문에 딸들을 베냐민 사람들에게 줄 수 없게 되자, 역시 맹세에 따라 야베스 길르앗 사람들을 죽이고 처녀를 구해 왔습니다. 그리고 맹세에 저촉되지 않는 방식으로 실로의 처녀들을 납치하게 했습니다. 왜 이들은 이런 맹세를 했을까요? 이런 맹세들은 정말 깨뜨리거나 취소할 수 없는 것일까요?

요즘 우리 시대 사람들은 맹세라는 것을 믿지 않습니다. 아무리 맹세를 했다 해도 얼마든지 번복할 수 있는 것이 요즘의 상황이기 때문입니다. 지금 대통령도 정치를 다시 하지 않겠다고 맹세를 했지만, 상황이 바뀌자 그 말을 번복하고 대통령이 되었습니다. 그가 대통령이 못 되는 한이 있어도 한평생 자기의 약속을 지키는 것이 더 현명한 일이었을까요, 아니면 지금처럼 거짓말쟁이라는 말을 듣더라도 정치생활을 다시 시작한 것이 현명한 일입니까?

옛날 사람들은 한번 맹세한 것은 무슨 일이 있어도 지켜야 한다고 생각했습니다. 하나님의 이름으로 맹세한 것은 사람이 죽든 말든 반드시 지켜야 한다고 생각했어요. 그러니까 한번 잘못 맹세했다가는 완전히 신세를 망치기 십상이었습니다. 요즘도 재정 보증을 잘못 섰다가 재산을 날리는 사람들이 많은데, 옛날의 맹세가 이와 비슷했습니다.

성경에는 잘못된 맹세 때문에 큰 죄를 지은 사람이 나옵니다. 그는 바로 헤롯입니다. 그의 생일에 의붓딸이 아주 멋진 춤을 추었습니다. 기분이 좋아진 헤롯은 그가 원하는 것이라면 나라의 절반이라도 주겠다고 맹세했습니다. 그런데 의붓딸은 뜻밖에도 세례 요한의 머리를 달라고 했습니다. 헤롯은 고민에 빠졌습니다. 세례 요한은 하나님의 선지자였기 때문입니다. 그러나 주위 사람들이 맹세는 지켜야 한다고 하니까 결국 세례 요한을 죽여 그 머리를 소반에 담아 주고 말았습니다.

이와는 반대로 잘못된 맹세를 했지만, 그 맹세를 취소함으로써 죄를 짓지 않게 된 사람도 있습니다. 사울 왕이 블레셋과 싸울 때였습니다. 그는 온 백성에게 금식을 선포하고 해질 때까지 아무것도 먹지 못하게 했습니다. 그것은 죽기까지 블레셋과 싸우겠다는 비장한 각오를 다지기 위한 조처였습니다. 그런데 사울 왕의 아들 요나단은 이 맹세에 대해 듣지 못했습니다. 그는 혼자 용감하게 적진으로 건너가 블레셋 사람들을 무찔렀고, 이스라엘 백성들도 거기에 합세하여 블레셋을 공격했습니다. 그런데 그들은 숲 속에서 꿀을 보게 되었습니다. 백성들은 거기에 손을 대지 않았지만 아버지의 맹세에 대해 아는 바가 없었던 요나단은 지팡이를 내밀어 그 꿀을 찍어 먹었습니다. 나중에 하나님은 이 일로 인해 사울의 기도에 응답하지 않으셨고, 요나단이 맹세를 깨뜨린 사실을 알게 된 사울은 아들을 죽이려 했습니다. 그러나 백성들이 그를 말렸습니다. "요나단은 절대로 못 죽입니다. 이런 큰 승리를 가져온 사람을 왜 죽인단 말입니까? 하나님이 그와 함께하셨으니 아무리 맹세했다 해도 그를 죽여서는 안 됩니다." 그래서 사울은 죄를 짓지 않을 수 있었습니다.

이스라엘 백성들은 이렇게 심각한 맹세를 왜 세 번씩이나 했을까요? 그것은 그들이 기브아 사람들의 죄상을 듣고 너무나도 흥분했기 때문입니다. 여자의 시체 토막을 보고 너무 충격을 받았기 때문이에요. 레위인은 기브아 사람들에게 복수할 마음으로 이스라엘 백성들의 감정을 극도로 흥분시켜서 이성을 잃게 만들었습니다.

사실 기브아 사람들 전체가 이 죄에 가담한 것은 아닙니다. 더욱이 베냐민 지파 사람들은 이 일에 대해 거의 모르고 있었습니다. 그럼에도 불구하고 베냐민 지파 전체를 적으로 규정하고 맹세에 맹세를 거듭한 것은 레위인의 말만 듣고 너무 흥분했기 때문입니다. 그들은 베냐민 사람들을 씨가 마를 정도로 다 죽이고 난 후에야 자신들이 너무 지나쳤다는 것을 알게 되었습니다. 그러나 이미 맹세한 것이 있었기 때문에 거기에 발목이 잡혀 제2의 범죄, 제3의 범죄를 계속 저질렀습니다.

이것이 죄의 속성입니다. 한번 거짓말을 하면 그것이 들통날까 봐 또 거짓말을 해야 하고, 그 거짓말이 들통날까 봐 또 거짓말을 해야 합니다. 그래서 나중에는 처음의 의도와 달리 너무 많은 거짓말을 해 버려서 도저히 수습할 수 없는 지경에 이르게 됩니다.

어떤 사람이 장난삼아 주식에 투자해서 꽤 많은 이익을 얻었습니다. 그래서 친구와 친척들의 돈까지 빌려서 다시 투자를 했는데 이번에는 쫄딱 망하고 말았습니다. 그는 그 이자를 갚기 위해 돈을 빌렸습니다. 그리고 그 돈의 이자를 갚기 위해 또 돈을 빌렸습니다. 그러다가 빚이 눈덩이처럼 불어나 도저히 갚을 수 없는 상황에 봉착하고 말았습니다. 좋은 예는 아니지만 어떤 여자가 불륜의 관계에 빠졌다고 합시다. 상대방 남자는 여자의 약점을 이용해서 자꾸 돈을 가져오라고 협박하고, 여자는 그때마다 친정이나 친구들한테 거짓말로 돈을 빌려서 그의 입을 막으려 합니다. 그러나 그가 요구하는 액수는 점점 더 커지고, 나중에는 도저히 수습할 수 없는 지경이 되고 맙니다.

이처럼 죄는 한 번으로 끝나는 것이 아니라 마치 물귀신처럼 발목을 잡고 늘어지는 속성이 있습니다. 물론 한번 망신당할 각오를 하고 털어 버리면 되겠지만, 그것은 말처럼 쉬운 일이 아닙니다.

사사기 저자는 이스라엘 백성들이 맹세에 맹세를 거듭하다가 수렁에 빠져 버린 이유를 이스라엘에 왕이 없다는 데서 찾고 있습니다. 왕이 있다면 맹세를 취소시킬 수 있습니다. 아무리 많은 사람들이 모여서 합의하고 맹세했다 해도, 더 큰 권세를 가진 왕이 취소시키면 그만이에요. 그런데 이때는 왕이 없었기 때문에 자신들의 맹세에 발목이 잡혀 계속 죄를 짓게 되었다는 것입니다.

우리들에게도 운명처럼 따라다니는 것들이 많이 있습니다. 사업에 한번 실패하면 신용불량자라는 꼬리표가 따라다녀서 재기하기가 어렵고, 교도소에 한번 들어갔다 나오면 빨간 딱지가 붙어서 정상적인 사회생활을 하기가 힘듭니다. 학력이나 이혼 경력 같은 것들도 한평생 사람을 쫓아다니는 것들입니다.

왜 우리에게 예수 그리스도가 필요합니까? 그리스도는 잘못된 이 운명의 고리들, 한평생 우리를 따라다니는 맹세와 저주들, 과거의 실수와 잘못들을 단 한마디로 끝장낼 수 있는 힘을 가지신 분이기 때문입니다. 그리스도가 말씀하시는 것이 무엇입니까? 지나간 고생만으로도 충분하다는 것입니다. 지금까지 마음고생 하고 사람들에게 눈총받고 스스로 괴롭힌 것만으로도 충분하다는 것입니다. "너의 모든 과거를 내 앞에서 끝장내고 다시 시작해라. 나는 왕이다. 이제부터는 내가 너의 모든 것을 책임지겠다"는 것입니다.

하나님의 백성이 아닌 사람들은 악의 고리를 끊을 용기가 없습니다. 그래서 한번 맹세하면 자꾸 맹세하게 되고, 한번 거짓말하면 계속 거짓말하게 되며, 한번 돈을 빌리면 끝까지 돈을 빌리게 됩니다. 그러나 하나님의 백성들은 자기가 잘못했다고 생각하는 그 순간에 손을 들고 하나님께 항복함으로써 얼마든지 악의 고리를 끊고 새로 시작할 수 있습니다. 자기가 지은 죄만큼만 책임지고 비난받으면 모든 문제가 끝나는 거예요. 갚지 못한 돈이 있으면 그것만 책임지면 됩니다. 실수한 일이 있으면 그 부분만 비난받으면 그만입니다. 마지막 죽음의 순간까지 발목이 잡혀서 질질 끌려 다닐 필요가 없습니다.

마귀가 하는 짓이 무엇입니까? 하나의 잘못을 해결하기 위해 또 다른 잘못을 저지르게 만드는 것입니다. 그렇게 마지막 순간까지 몰아가다가 결국에는 "너는 이제 끝이다. 이제 죽는 것밖에는 선택의 여지가 없다"고 말하는 것입니다. 오늘날 사람들은 모두 이 악의 사슬에 매여 있습니다. 한번 잘못에 평생 끌려 다닙니다.

이스라엘 백성들이 첫 맹세 때문에 지나치게 동족을 죽이고 말았다는 사실을 깨달았을 때 하나님 앞에 나아가 울며 회개했더라면, 악의 사슬을 끊고 다시 시작할 수 있었을 것입니다. 그러나 그들은 맹세에 발목이 잡혀서 제2의 죄, 제3의 죄를 저지르고 말았습니다.

베냐민을 위해 야베스 길르앗을 치다

이스라엘 백성들은 베냐민을 응징한 후 큰 딜레마에 빠졌습니다. 이스라엘 열두 지파 가운데 한 지파가 사라져 버리게 되었기 때문입니다. "이스라엘 자손이 그 형제 베냐민을 위하여 뉘우쳐 가로되 '오늘날 이스라엘 중에 한 지파가 끊쳤도다'"(21:6).

그들은 도저히 일치될 수 없는 두 가지 목표를 가지고 있었습니다. 하나는 베냐민 지파를 철저히 응징해야 한다는 것이었습니다. 그리고 또 하나는 베냐민을 이스라엘의 열두 지파 중 하나로 존속시켜야 한다는 것이었습니다. 그들은 이 딜레마에 직면하고 나서야 자신들이 지나치게 감정적인 맹세를 했다는 사실을 깨달았습니다. 도망친 600명을 끝까지 따라가서 죽이지 않은 것이 그나마 다행이었습니다.

그들은 베냐민 지파가 사라지지 않도록 대책을 세워야 한다는 데 뜻을 같이했습니다. 그런데 문제는 이 남은 600명에게 어떻게 가정을 만들어 주느냐 하는 데 있었습니다. 자신들의 딸들은 주지 않기로 이미 맹세했습니다. 그러면 이제 어떻게 해야 합니까? 그들은 고민 끝에 또 다른 맹세를 생각해 냈습니다. 그것은 이번 전쟁에 참가하지 않는 이스라엘 사람들은 전부 죽이겠다는 맹세였습니다. 그래서 확인해 보니 야베스 길르앗 사람들이 오지 않았습니다. 이스라엘 백성들은 이들도 응징하고 **베냐민** 사람들에게 여자도 구해 주기 위해 그들을 전멸시키고 처녀 400명을 잡아 왔습니다.

야베스 길르앗 사람들이 이기심 때문에 전쟁에 참가하지 않았는지, 아니면 이런 식의 전쟁을 원치 않아서 참가하지 않았는지는 알 수 없습니다. 그러나 이스라엘 사람들은 '우리와 함께하지 않는 자는 적이므로 다 죽여야 한다'는 흑백논리로 이들을 정죄했습니다.

마가복음 9장에서 요한은 예수님께 "우리를 따르지 않는 어떤 자가 주의 이름으로 귀신을 내어쫓는 것을 우리가 보고 우리를 따르지 아니하므로 금하였나이다"(막 9:38)라고 말했습니다. 그러자 예수님은 "금하지 말라. 내 이름을 의탁하여 능한 일을 행하고 즉시로 나를 비방할 자가 없느니라. 우리를 반대하지 않는 자는 우리를 위하는 자니라"(막 9:39-40)고 말씀하셨습니다. 제자들은 '눈에 보이게 우리를 지지하고 따르는 사람들만 우리편이고 나머지는 전부 적'이라는 생각을 가지고 있었습니다. 그러나 예수님은 그런 생각에 반대하셨습니다. 비록 지금은 드러내 놓고 따르지 못하지만 마음속으로 자신을 지지하며 따르는 소극적인 제자들이 상당히 많다는 것을 그는 알고 계셨습니다. 이렇게 소극적으로 동조하는 사람들까지 다 적으로 규정한다면 하나님의 일을 할 수 없습니다. 그렇게 하면 너무나도 많은 친구를 잃게 될 것입니다. 노골적으로 나를 적대하지만 않는다면 모두 친구로 생각하고 어떻게 해서든지 그들에게 좋은 영향을 주려고 해야지, 나하고 친하지 않다고 해서 전부 적으로 간주해 버리면 어떻게 복음을 전하겠습니까?

그러나 이스라엘 백성들은 자기들에게 동조하지 않는 사람들을 전부 적으로 규정하고 다 죽이기로 맹세했습니다. 그래서 야베스 길르앗 사람들에게 변명할 기회도 주지 않고 12,000명의 군사를 보내 전부 죽여 버렸습니다. 맹세가 중요합니까, 생명이 중요합니까? 이 세상 어떤 것도 생명보다 중요할 수는 없습니다. 설사 어떤 맹세를 했다 하더라도 그것이 사람의 생명에 관계된 것이라면 취소할 수 있어야 합니다.

다윗이 사울에게 쫓길 때 제사장에게 몸을 피했습니다. 그런데 너무 배가 고파서 먹을 것을 찾아보니 하나님 앞에 드리는 진설병밖에 없었습니다. 진설병은 제사장 외에는 먹지 못하는 떡입니다. 다윗은 굶어 죽게 되었는데 먹을 것이라고는 평범한 사람이 먹을 수 없는 진설병뿐이었던 것입니다. 그런데 제사장은 그 거룩한 떡을 다윗에게 주었습니다. 아무리 율법이라 하더라도 사람의 생명을 살리는 일보다 우선할 수는 없었기 때문입니다.

예수님은 이 예를 드시면서, 율법의 정신은 사람을 죽이는 데 있는 것이 아니라 살리는 데 있다고 말씀하셨습니다. 안식일은 사람이 욕심으로 달려가다가 죽어 버릴까 봐 그들을 쉬게 하려고 있는 것이지, 잘 지키나 못 지키나 감시하고 있다가 혹시라도 못 지키면 잡아다가 죽이려고 있는 게 아니라는 거예요.

맹세도 사람을 살리는 일에 사용되어야 합니다. 만약 맹세 때문에 사람을 해쳐야 하고 죽여야 한다면, 그 맹세는 자동적으로 폐기되어야 마땅합니다. 약속 때문에 죄를 지어야 한다면, 그 약속은 어기는 것이 옳습니다. 예를 들어 아이의 생일에 장난감을 사 주기로 했는데 돈이 없어서 훔쳐야 한다면, 그 약속은 지키지 않는 것이 더 아름답습니다. 사도 바울은 "사랑엔 거짓이 없나니 악을 미워하고 선에 속하라"(롬 12:9)고 했습니다. 다시 말해서 거짓말을 해 가면서 사랑하는 것은 사랑이 아니라는 것입니다. 죄를 지어 가면서 사랑해야 하고 약속을 지켜야 한다면, 그런 사랑이나 약속은 깨뜨려 버리라는 것입니다.

이스라엘 사람들이 베냐민 사람들에게 여자를 구해 주는 일과 야베스 길르앗을 치는 일을 연결시켜서 생각한 이유는 무엇입니까? 도대체 그들은 야베스 길르앗을 응징하기 위해 그들을 친 것입니까, 베냐민 사람들에게 여자를 구해 주기 위해 그들을 친 것입니까? 그들의 맹세는 자동폐기되어야 할 맹세였습니다.

실로의 처녀 납치

이스라엘 회중은 베냐민 사람들에게 대표를 보내 화해를 선포했습니다. "온 회중이 림몬 바위에 있는 베냐민 자손에게 보내어 평화를 공포하게 하였더니 그때에 베냐민이 돌아온지라. 이에 이스라엘 사람이 야베스 길르앗 여인 중에서 살려 둔 여자를 그들에게 주었으나 오히려 부족하므로 백성들이 베냐민을 위하여 뉘우쳤으니 이는 여호와께서 이스라엘 지파들 중에 한 지파가 궐이 나게 하셨음이더라"(21:13-15). 그들이 불필요하게 여자들과 아이들까지 다 죽이는 바람에 죄를 응징하는 데서 더 나아가 하나님의 약속을 깨뜨릴 지경에 처하고 말았습니다. 그래서 그들은 대책을 논의했습니다. "회중 장로들이 가로되 '베냐민의 여인이 다 멸절되었으니 이제 그 남은 자들에게 어떻게 하여야 아내를 얻게 할꼬?' 또 가로되 '베냐민의 도망하여 면한 자에게 마땅히 기업이 있어야 하리니 그리하면 이스라엘 중에 한 지파가 사라짐이 없으리라. 그러나 우리가 우리의 딸을 그들의 아내로 주지 못하리니 이는 이스라엘 자손이 맹세하여 이르기를 딸을 베냐민에게 아내로 주는 자는 저주를 받으리라 하였음이로다'"(21:16-18).

야베스 길르앗을 쳐서 처녀 400명을 잡아왔지만, 아직도 200명이 모자랐습니다. 그들은 여전히 맹세에 묶여서 아무것도 할 수가 없었습니다. 누가 이 맹세를 풀어 주면 좋을 텐데 그럴 사람도 없었고, 이제는 야베스 길르앗처럼 죽이고 빼앗아 올 곳도 없었습니다. 그들은 고민을 거듭하다가 실로의 축제를 떠올렸습니다.

벧엘과 세겜 사이에 있는 실로에는 성막이 있었고, 여호와의 절기가 되면 이곳 처녀들이 포도원으로 나와 춤을 추곤 했습니다. 그때 숨어 있다가 여자들을 납치하면 어떻겠느냐는 것입니다. 그리고 혹시 그 여자들의 부모나 형제들이 항의하면 이것은 납치당한 것이므로 맹세를 어긴 것이 아니라고 말하면 되지 않겠느냐는 것입니다. 베냐민 사람들은 이렇게 실로의 처녀들을 납치함으로써 대를 잇게 되었습니다.

결국 이스라엘 사람들은 맹세를 다 지켰습니다. 그러나 그 과정에서 너무 많은 이들이 희생되었습니다. 나 한 사람 떳떳하자고 이렇게 많은 사람들을 죽이고 납치해도 됩니까? 물론 자신들은 맹세를 다 지켰습니다. 그러나 그렇게 하기 위해 너무 많은 사람들을 죽게 했고 다치게 했고 고통스럽게 했습니다. 이것이 과연 하나님의 뜻에 맞는 일입니까?

이것은 신앙이 아니라 이데올로기입니다. 이데올로기는 일종의 자기 신념을 믿는 것입니다. 사람들은 무슨 일이 있어도 신념을 지키려 합니다. 그것이 무너지면 자신에게 남는 것이 하나도 없기 때문입니다. 유대인들이 안식일 문제를 놓고 예수님과 그토록 충돌한 이유가 무엇입니까? 예수님은 안식일의 정신을 중요하게 생각하신 반면, 유대인들은 안식일의 규례야말로 자신들을 하나로 묶을 수 있는 이데올로기라고 생각했기 때문입니다.

이데올로기는 자신을 추종하지 않는 모든 자를 적으로 규정합니다. 이데올로기는 실체가 없는 것이기 때문에 그렇게 하지 않으면 사람들을 한데 묶을 수가 없습니다. 그러나 신앙은 이데올로기처럼 기계적이지 않습니다. 신앙은 어떻게 해서든지 죄인의 마음에 파고들어가 과거의 죄를 버리고 새로운 삶을 살도록 설득하는 것입니다. 그래서 신앙에는 살이 있고 피가 있습니다. 율법에서 사랑이라는 이 피가 빠지면 유대교라는 무서운 이데올로기가 되어 버립니다. 예수님 당시의 유대인들은 이 유대교라는 이데올로기 밑에서 무거운 짐을 지고 신음하던 노예들이었습니다.

이스라엘 총회는 이데올로기에 심취한 종교 집단이었습니다. 이름만 하나님의 백성이었지 실제로는 전혀 하나님의 백성이 아니었습니다. 하나님의 백성이 어떻게 이렇게 잔인할 수 있으며 권모술

수에 익숙할 수 있으며 살인과 납치에 능할 수 있습니까? 여기에서 이스라엘 장로들이 의논하는 모습을 보면 성숙한 신앙인들의 회의가 아니라 마피아 두목들의 회의 같습니다.

율법이 죽은 것이 유대교입니다. 기독교가 죽은 것이 로마 카톨릭입니다. 그렇다면 개신교가 죽은 것은 무엇입니까? 제각기 욕심에 차서 양 떼들을 돌보지 않고 착취하고 정죄하는 비성경적인 목회 현장일 것입니다. 때로는 교회 건물이 이데올로기가 될 수도 있고, 때로는 교회 성장이 이데올로기가 될 수도 있으며, 때로는 은사나 체험이 이데올로기가 될 수도 있습니다. 건축 헌금 안 내고 교회 성장 정책에 부응하지 않고 신비한 체험을 하지 못한 사람은 다 죄인 취급 당합니다. 그러나 교회는 죄인을 만들어 내고 정죄하고 심판하는 곳이 아니라 치료하는 곳입니다.

신정정치가 좋은 것 같지만 결코 좋은 것이 아닙니다. 교회와 국가가 일치되면 종교적인 이유로 사람을 죽이는 일이 벌어집니다. 하나님은 종교가 없는 자들이나 종교가 다른 자들에게도 살 수 있는 권리를 주셨는데, 사람들이 그것을 인정하지 못해서 다 죽여 버리는 것입니다.

사사기의 저자는 "이스라엘에 왕이 없으므로"라는 말로 결론을 내리고 있습니다. 결국 신앙과 정치는 분리되는 것이 좋으며, 정치를 맡은 왕은 주관적인 확신보다는 건전한 상식과 바른 분별력으로 나라를 다스려야 이런 무리나 억지가 발생하지 않는다는 뜻입니다.

종교적인 확신에 차 있는 사람들에게 사랑이 빠져 버리니 완전히 마피아 같은 악당들이 되어 버렸습니다. 그들은 종교적인 신념에 눈이 멀어서 그렇게 많은 사람들을 죽이고도 자신들의 잘못을 깨닫지 못했습니다. 우리는 이 세상에 살면서 많은 죄악을 보게 됩니다. 그런데 이런 죄악을 한순간에 없애려 들면, 많은 이들의 피를 흘리지 않을 수 없고 나와 생각이 다른 사람들을 적대시하지 않을 수 없습니다. 주관적인 확신 외에 건전한 분별력이 있어야 억울한 희생자를 만들어 내지 않습니다.

우리의 신앙은 지혜로, 남들이 알아들을 수 있고 납득할 수 있는 보편성으로 꽃을 피워야 합니다. 다윗과 솔로몬 시대에 생성된 지혜의 말씀과 문학은 바로 이러한 신앙의 열매요 결과였습니다. 신앙이 성숙하면 성숙할수록 더 많은 세상 사람들을 설득할 수 있으며 끌어안을 수 있는 법입니다. 그 신앙은 현실의 문제에 대해 가장 바르고 뛰어난 해결책을 찾아내는 지혜와, 굳이 성경 이야기를 꺼내지 않고서도 많은 이들을 설득하고 공감시키는 능력으로 나타납니다.

신앙에서 사랑이 빠지면 굉장히 무서운 이데올로기가 됩니다. 아무리 성경적인 교회라 하더라도 그 눈에 눈물이 없고 남의 어려움을 아파하는 마음이 없다면, 그 신앙은 곧 남을 죽이는 신앙이 될 것입니다. 세상에 있는 모든 것들을 정죄하는 것만이 능사가 아닙니다. 사도 바울이 말한 것처럼 "땅과 거기 충만한 것이 주의 것"

(고전 10:26)입니다. 잘 분별해서 사용하면 버릴 것이 없습니다. 그림을 그릴 줄 모르는 사람이나 종이를 놓고 불평하는 법입니다. 진짜 실력이 있는 사람은 어떤 종이에라도 기가 막힌 작품을 그려 낼 수 있습니다.

자신의 학벌이나 처지에 대해 불평하지 마십시오. 지금 있는 그 자리에서 하나님의 지혜로 최선의 작품을 만들어 내십시오. 그리고 사랑을 모든 일의 동기로 삼으십시오. 아무리 놀라운 진리라 하더라도 사랑이 없으면 이데올로기로 전락하여 많은 사람들의 자유를 빼앗고 그들을 파탄에 빠뜨리는 도구가 될 것이기 때문입니다.

우리에게는 운명처럼 따라다니는 악의 사슬이 많이 있습니다. 한 번 실수하면 그 실수를 무마하기 위해 계속 죄를 지어야 합니다. 한 번 돈을 빌리면 그 돈을 갚기 위해 계속 돈을 빌려야 하고, 한번 거짓말하면 그 거짓말을 들키지 않기 위해 계속 거짓말해야 합니다.
이스라엘은 왕이 없어서 이 악의 사슬을 끊을 수 없었지만, 우리에게는 왕이 계십니다. 우리의 왕이신 예수 그리스도께서 하시는 말씀이 무엇입니까? "지난 시절에 눈물 흘리고 마음고생 한 것으로 충분하다. 이제 다시는 근심하지 마라. 다 끝내고 다시 시작해라." 우리는 과거를 들추어내고 또 들추어낼 필요가 없습니다. 왕이 끝났다고 하셨으면 끝난 거예요. 이것이 우리에게 왕이신 그리스도가 필요한 이유입니다.

나의 신앙에 눈물이 있습니까? 사랑이 있습니까? 그것이 없다면 아무리 위대한 신앙이나 교리도 무서운 이데올로기가 될 것이며 사람을 죽이는 무기가 될 것입니다. 다른 사람을 정죄하기 전에 먼저 그를 사랑하는 마음이 없다면 나의 신앙은 가공할 무기로 변할 가능성이 큽니다. 어떻게 해서든지 다른 사람을 사랑하는 것이 진정한 신앙입니다.

아무리 맹세하고 약속했다 해도 죄를 지어 가면서 지켜야 한다면, 그것은 폐기되어야 마땅합니다. 불필요한 약속에 매여 있습니까? 하나님 앞에서 끊어 버리십시오. 물귀신처럼 나를 따라다니는 죄가 있습니까? 겁내지 말고 하나님 앞에 쏟아 버리십시오. 그러면 다 끝납니다. 다시는 그것이 나를 주장할 수 없습니다.

사랑과 눈물이 있는 진정한 신앙, 죄인을 정죄하는 것이 아니라 치료하고 회복시키는 살아 있는 신앙을 갖게 되기를 주님의 이름으로 축원합니다.

부록

차례에 따른 성경본문

1. 미가 집안의 고용 제사장 (17:1 - 13)

에브라임 산지에 '미가'라 이름하는 사람이 있더니 그 어미에게 이르되 "어머니께서 은 1,100을 잃어버리셨으므로 저주하시고 내 귀에도 말씀하셨더니, 보소서, 그 은이 내게 있나이다. 내가 그것을 취하였나이다." 어미가 가로되 "내 아들이 여호와께 복받기를 원하노라!" 하니라. 미가가 은 1,100을 그 어미에게 도로 주매 어미가 가로되 "내가 내 아들을 위하여 한 신상을 새기며 한 신상을 부어 만들 차로 내 손에서 이 은을 여호와께 거룩히 드리노라. 그러므로 내가 이제 이 은을 네게 도로 돌리리라." 미가가 그 은을 어미에게 도로 주었으므로 어미가 그 은 200을 취하여 은장색에게 주어 한 신상을 새기며 한 신상을 부어 만들었더니 그 신상이 미가의 집에 있더라. 이 사람 미가에게 신당이 있으므로 또 에봇과 드라빔을 만들고 한 아들을 세워 제사장을 삼았더라. 그때에는 이스라엘에 왕이 없으므로 사람마다 자기 소견에 옳은 대로 행하였더라. 유다 가족에 속한 유다 베들레헴에 한 소년이 있으니 그는 레위인으로서 거기 우거하였더라. 이 사람이 거할 곳을 찾고자 하여 그 성읍 유다 베들레헴을 떠나서 행하다가 에브라임 산지로 가서 미가의 집에 이르매 미가가 그에게 묻되 "너는 어디서부터 오느뇨?" 그가 이르되 "나는 유다 베들레헴의 레위인으로서 거할 곳을 찾으러 가노라." 미가가 그에게 이르되 "네가 나와 함께 거하여 나를 위하여 아비와 제사장이 되라. 내가 해마다 은 열과 의복 한 벌과 식물을 주리라" 하므로 레위인이 들어갔더니 레위인이 그 사람과 함께 거하기를 만족히 여겼으니 이는 그 소년이 미가의 아들 중 하나같이 됨이라. 미가가 레위인을 거룩히 구별하매 소년이 미가의 제사장이 되어 그 집에 거한지라. 이에 미가가 가로되 "레위인이 내 제사장이 되었으니 이제 여호와께서 내게 복 주실 줄을 아노라" 하니라.

2. 단 지파의 선택 (18:1 - 10)

그때에 이스라엘에 왕이 없었고 단 지파는 이때에 거할 기업의 땅을 구하는 중이었으니 이는 그들이 이스라엘 지파 중에서 이때까지 기업의 땅 분배함을 얻지 못하였음이라. 단 자손이 소라와 에스다올에서부터 자기 온 가족 중 용맹 있는 다섯 사람을 보내어 땅을 탐지하고 살피게 하며 그들에게 이르되 "너희는 가서 땅을 살펴보라" 하매 그들이 에브라임 산지에 가서 미가의 집에 이르러 거기서 유숙하니라. 그들이 미가의 집에 가까이 올 때에 레위 소년의 음성을 알아듣고 그리로 돌이켜 가서 그에게 이르되 "누가 너를 이리로 인도하였으며 네가 여기서 무엇을 하며 여기서 무엇을 얻었느냐?" 그가 그들에게 이르되 "미가가 여차여차히 나를 대접하여 나를 고빙하여 나로 자기 제사장을 삼았느니라." 그들이 그에게 이르되 "청컨대 우리를 위하여 하나님께 물어보아서 우리의 행하는 길이 형통할지 우리에게 알게 하라." 그 제사장이 그들에게 이르되 "평안히 가라. 너희의 행하는 길은 여호와 앞에 있느니라." 이에 다섯 사람이 떠나 라이스에 이르러 거기 있는 백성을 본즉 염려 없이 거하여 시돈 사람같이 한가하고 평안하니 그 땅에는 권세 잡은 자가 없어서 무슨 일에든지 괴롭게 함이 없고 시돈 사람과 상거가 멀며 아무 사람과도 상종하지 아니함이라. 그들이 소라와 에스다올에 돌아와서 그 형제에게 이르매 형제들이 그들에게 묻되 "너희 보기에 어떠하더뇨?" 가로되 "일어나서 그들을 치러 올라가자. 우리가 그 땅을 본즉 매우 좋더라. 너희는 가만히 있느냐? 나아가서 그 땅 얻기를 게을리 말라. 너희가 가면 평안한 백성을 만날 것이요 그 땅은 넓고 그곳에는 세상에 있는 것이 하나도 부족함이 없느니라. 하나님이 너희 손에 붙이셨느니라."

3. 단 지파의 신상 탈취 (18:11 - 31)

단 지파 가족 중 600명이 병기를 띠고 소라와 에스다올에서 출발하여 올라가서 유다 기럇 여아림에 진치니 이러므로 그곳 이름이 오늘까지 마하네 단이며 그곳은 기럇 여아림 뒤에 있더라. 무리가 거기서 떠나서 에브라임 산지 미가의 집에 이르니라. 전에 라이스 땅을 탐지하러 갔던 다섯 사람이 그 형제들에게 말하여 가로되 "이 집에 에봇과 드라빔과 새긴 신상과 부어 만든 신상이 있는 줄을 너희가 아느냐? 그런즉 이제 너희는 마땅히 행할 것을 생각하라" 하고 다섯 사람이 그편으로 향하여 소년 레위 사람의 집 곧 미가의 집에 이르러 문안하고 단 자손 600명은 병기를 띠고 문 입구에 서니라. 땅을 탐지하러 갔던 다섯 사람이 그리로 들어가서 새긴 신상과 에봇과 드라빔과 부어 만든 신상을 취할 때에 제사장은 병기를 띤 600명과 함께 문 입구에 섰더니 그 다섯 사람이 미가의 집에 들어가서 그 새긴 신상과 에봇과 드라빔과 부어 만든 신상을 취하여 내매 제사장이 그들에게 묻되 "너희가 무엇을 하느냐?" 그들이 그에게 이르되 "잠잠하라. 네 손을 입에 대라. 우리와 함께 가서 우리의 아비와 제사장이 되라. 네가 한 사람의 집의 제사장이 되는 것과 이스라엘 한 지파, 한 가족의 제사장이 되는 것이 어느 것이 낫겠느냐?" 제사장이 마음에 기뻐하여 에봇과 드라빔과 새긴 우상을 취하고 그 백성 중으로 들어가니라. 그들이 돌이켜서 어린아이들과 가축과 물품을 앞에 두고 진행하더니 미가의 집을 멀리 떠난 때에 미가의 이웃집 사람들이 모여서 단 자손을 따라 미쳐서는 단 자손을 부르는지라. 그들이 낯을 돌이켜 미가에게 이르되 "네가 무슨 일로 이같이 모아가지고 왔느냐?" 미가가 가로되 "나의 지은 신들과 제사장을 취하여 갔으니 내게 오히려 있는 것이 무엇이냐? 너희가 어찌하여 나더러 무슨 일이냐 하느냐?" 단 자손이 그에게 이르되 "네 목소리를 우리에게 들리게 말라. 노한 자들이 너희를 쳐서 네 생명과 네 가족의 생명을 잃게 할까 하노라" 하고 단 자손이 자기 길을 행한지라. 미가가 단 자손이 자기보다 강한 것을 보고 돌이켜 집으로 돌아갔더라. 단 자손이 미가의 지은 것과 그 제사장을 취하고 라이스에 이르러 한가하고 평안한 백성을 만나 칼날로 그들을 치며 불로 그 성읍을 사르되 그들을 구원할 자가 없었으니 그 성읍이 베드 르홉 가까운 골짜기에 있어서 시돈과 상거가 멀고 상종하는 사람도 없음이었더라. 단 자손이 성읍을 중건하고 거기 거하며 이스라엘의 소생 그 조상 단의 이름을 따라 그 성읍을 '단'이라 하니라. 그 성읍의 본이름은 라이스더라. 단 자손이 자기를 위하여 그 새긴 신상을 세웠고 모세의 손자 게르손의 아들 요나단과 그 자손은 단 지파의 제사장이 되어 이 백성이 사로잡히는 날까지 이르렀더라. 하나님의 집이 실로에 있을 동안에 미가의 지은 바 새긴 신상이 단 자손에게 있었더라.

4. 레위인의 도덕적 상태 (19:1 - 15)

이스라엘에 왕이 없을 그때에 에브라임 산지 구석에 우거하는 어떤 레위 사람이 유다 베들레헴에서 첩을 취하였더니 그 첩이 행음하고 남편을 떠나 유다 베들레헴 그 아비의 집에 돌아가서 거기서 넉 달의 날을 보내매 그 남편이 그 여자에게 다정히 말하고 그를 데려오고자 하여 하인 하나와 나귀 두 필을 데리고 그에게로 가매 여자가 그를 인도하여 아비의 집에 들어가니 그 여자의 아비가 그를 보고 환영하니라. 그 첩 장인 곧 여자의 아비가 그를 머물리매 그가 3일을 그와 함께 거하며 먹고 마시며 거기서 유숙하다가 나흘만에 일찍이 일어나 떠나고자 하매 여자의 아비가 그 사위에게 이르되 "떡을 조금 먹어 그대의 기력을 도운 후에 그대의 길을 행하라." 두 사람이 앉아서 함께 먹고 마시매 여자의 아비가 그 사람에게 이르되 "청하노니 이 밤을 여기서 유숙하여 그대의 마음을 즐겁게 하라." 그 사람이 일어나서 가고자 하되 첩 장인의 간청으로 다시 유숙하더니 다섯째 날 아침에 일찍이 일어나 떠나고자 하매 여자의 아비가 이르되 "청하노니 그대의 기력을 돕고 해가 기울도록 머물라" 하므로 두 사람이 함께 먹고 그 사람이 첩과 하인으로 더불어 일어나 떠나고자 하매 그 첩 장인 곧 여자의 아비가 그에게 이르되 "보라, 이제 해가 저물어 가니 청컨대 이 밤도 유숙하라. 보라, 해가 기울었느니라. 그대는 여기서 유숙하여 그대의 마음을 즐겁게 하고 내일 일찍이 그대의 길을 행하여 그대의 집으로 돌아가라." 그 사람이 다시 밤을 지내고자 아니하여 일어나 떠나서 여부스 맞은편에 이르렀으니 여부스는 곧 예루살렘이라. 안장 지운 나귀 둘과 첩이 그와 함께하였더라. 그들이 여부스에 가까왔을 때에 해가 지려 하는지라. 종이 주인에게 이르되 "청컨대 우리가 돌이켜 여부스 사람의 이 성읍에 들어가서 유숙하사이다." 주인이

그에게 이르되 "우리가 돌이켜 이스라엘 자손에게 속하지 아니한 외인의
성읍으로 들어갈 것이 아니니 기브아로 나아가리라" 하고 또 그 종에게
이르되 "우리가 기브아나 라마 중 한 곳에 나아가 거기서 유숙하자" 하고
모두 앞으로 행하더니 베냐민에 속한 기브아에 가까이 이르러는 해가
진지라. 기브아에 가서 유숙하려고 그리로 돌이켜 들어가서 성읍 거리에
앉았으나 그를 집으로 영접하여 유숙케 하는 자가 없었더라.

5. 또 하나의 소돔 성 (19:16 - 30)

이미 저물매 한 노인이 밭에서 일하다가 돌아오니 그 사람은 본래 에브라임
산지 사람으로서 기브아에 우거하는 자요 그곳 사람들은 베냐민 사람이더라.
노인이 눈을 들어 성읍 거리에 행객이 있는 것을 본지라. 노인이 묻되
"그대는 어디로 가며 어디서 왔느뇨?" 그가 그에게 이르되 "우리는 유다
베들레헴에서 에브라임 산지 구석으로 가나이다. 나는 그곳 사람으로서 유다
베들레헴에 갔다가 이제 여호와의 집으로 가는 중인데 나를 자기 집으로
영접하는 사람이 없나이다. 우리에게는 나귀들에게 먹일 짚과 보리가 있고
나와 당신의 여종과 당신의 종 우리들과 함께한 소년의 먹을 양식과
포도주가 있어 무엇이든지 부족함이 없나이다." 노인이 가로되 "그대는
안심하라. 그대의 모든 쓸 것은 나의 담책이니 거리에서는 자지 말라" 하고
그를 데리고 자기 집에 들어가서 나귀에게 먹이니 그들이 발을 씻고 먹고
마시니라. 그들이 마음을 즐겁게 할 때에 그 성읍의 비류들이 그 집을
에워싸고 문을 두들기며 집주인 노인에게 말하여 가로되 "네 집에 들어온
사람을 끌어내라. 우리가 그를 상관하리라." 집주인 그 사람이 그들에게로
나와서 이르되 "아니라, 내 형제들아, 청하노니 악을 행치 말라. 이 사람이

내 집에 들었으니 이런 망령된 일을 행치 말라. 보라, 여기 내 처녀 딸과 이 사람의 첩이 있은즉 내가 그들을 끌어내리니 너희가 그들을 욕보이든지 어찌하든지 임의로 하되 오직 이 사람에게는 이런 망령된 일을 행치 말라" 하나 무리가 듣지 아니하므로 그 사람이 자기 첩을 무리에게로 붙들어 내매 그들이 그에게 행음하여 밤새도록 욕보이다가 새벽 미명에 놓은지라. 동틀 때에 여인이 그 주인의 우거한 그 사람의 집 문에 이르러 엎드러져 밝기까지 거기 누웠더라. 그의 주인이 일찍이 일어나 집 문을 열고 떠나고자 하더니 그 여인이 집 문에 엎드러지고 그 두 손이 문지방에 있는 것을 보고 그에게 이르되 "일어나라. 우리가 떠나가자" 하나 아무 대답이 없는지라. 이에 그 시체를 나귀에 싣고 행하여 자기 곳에 돌아가서 그 집에 이르러서는 칼을 취하여 첩의 시체를 붙들어 그 마디를 찍어 열두 덩이에 나누고 그것을 이스라엘 사방에 두루 보내매 그것을 보는 자가 다 가로되 "이스라엘 자손이 애굽 땅에서 나온 날부터 오늘날까지 이런 일은 행치도 아니하였고 보지도 못하였도다. 생각하고 상의한 후에 말하자!" 하니라.

6. 기브아의 징계 문제 (20:1 - 28)

이에 모든 이스라엘 자손이 단에서부터 브엘세바까지와 길르앗 땅에서 나왔는데 그 회중이 일제히 미스바에서 여호와 앞에 모였으니 온 백성의 어른 곧 이스라엘 모든 지파의 어른들은 하나님 백성의 총회에 섰고 칼을 빼는 보병은 400,000이었으며 이스라엘 자손의 미스바에 올라간 것을 베냐민 자손이 들었더라. 이스라엘 자손이 가로되 "이 악한 일의 정형을 우리에게 고하라." 레위 사람 곧 죽임을 당한 여인의 남편이 대답하여 가로되 "내가 내 첩으로 더불어 베냐민에 속한 기브아에 유숙하러 갔더니 기브아 사람들이 나를 치러 일어나서 밤에 나의 우거한 집을 에워싸고 나를 죽이려 하고 내 첩을 욕보여서 그로 죽게 한지라. 내가 내 첩의 시체를 취하여 쪼개어 이스라엘 기업의 온 땅에 보내었노니 이는 그들이 이스라엘 중에서 음행과 망령된 일을 행하였음을 인함이로라. 이스라엘 자손들아, 너희가 다 여기 있은즉 너희의 의견과 방책을 낼지니라." 모든 백성이 일제히 일어나며 가로되 "우리가 하나라도 자기 장막으로 돌아가지 아니하며 하나라도 자기 집으로 들어가지 아니하고 우리가 기브아 사람에게 이렇게 행하리니 곧 제비 뽑아서 그들을 치되 우리가 이스라엘 모든 지파 중에서 백에 열, 천에 백, 만에 천을 취하고 그 백성을 위하여 양식을 예비하고 그들로 베냐민의 기브아에 가서 그 무리의 이스라엘 중에서 망령된 일을 행한 대로 징계하게 하리라" 하니라. 이와 같이 이스라엘 모든 사람이 하나같이 합심하여 그 성읍을 치려고 모였더라. 이스라엘 지파들이 베냐민 온 지파에 사람들을 보내어 두루 행하며 이르기를 "너희 중에서 생긴 이 악이 어찜이뇨? 그런즉 이제 기브아 사람 곧 그 비류를 우리에게 붙여서 우리로 죽여 이스라엘 중에 악을 제하여 버리게 하라" 하나 베냐민 자손이 그 형제 이스라엘 자손의 말을 듣지 아니하고 도리어 각 성읍에서 기브아에 모이고 나가서 이스라엘 자손과 싸우고자 하니 그때에 성읍들에서 나온 베냐민 자손의 수는 칼을 빼는 자가 모두 26,000이요 그 외에 기브아 거민 중 택한 자가 700인데 이 모든 백성 중에서 택한 700명은 다 왼손잡이라. 물매로 돌을 던지면 호리도 틀림이 없는 자더라. 베냐민 자손 외에 이스라엘 사람의 칼을 빼는 자의 수는 400,000명이니 다 전사라. 이스라엘 자손이 일어나 벧엘에 올라가서 하나님께 묻자와 가로되 "우리 중에 누가 먼저 올라가서 베냐민 자손과 싸우리이까?" 여호와께서 가라사대 "유다가 먼저일지니라." 이스라엘 자손이 아침에 일어나 기브아를 대하여 진을 치니라. 이스라엘 사람들이 나가서 항오를 벌이고 거기서 그들과 싸우고자 하매 베냐민 자손이 기브아에서 나와서 당일에 이스라엘 사람 22,000을 땅에 엎드러뜨렸으나 이스라엘 사람들이 스스로 용기를 내어 첫날 항오를 벌였던 곳에 다시 항오를 벌이니라. 이스라엘 자손이 올라가서 여호와 앞에서 저물도록 울며 여호와께 묻자와 가로되 "내가 다시 나아가서 나의 형제 베냐민 자손과 싸우리이까?" 여호와께서 가라사대 "올라가서 치라" 하시니라. 그 이튿날에 이스라엘 자손이 베냐민 자손을 치러 나아가매 베냐민도 그 이튿날에 기브아에서 그들을 치러 나와서 다시 이스라엘 자손 18,000을 땅에 엎드러뜨렸으니 다 칼을 빼는 자였더라. 이에 온 이스라엘 자손 모든 백성이 올라가서 벧엘에 이르러 울며 거기서 여호와 앞에 앉고 그 날이 저물도록 금식하고 번제와 화목제를 여호와 앞에 드리고 여호와께 물으니라 (그때에는 하나님의 언약궤가 거기 있고 아론의 손자 엘르아살의 아들 비느하스가 그 앞에 모셨더라). 이스라엘 자손이 묻자오되 "내가 다시 나가 나의 형제 베냐민 자손과 싸우리이까, 말리이까?" 여호와께서 가라사대 "올라가라. 내일은 내가 그를 네 손에 붙이리라."

7. 이스라엘 내전의 결과 (20:29 - 21:4)

이스라엘이 기브아 사면에 군사를 매복하니라. 이스라엘 자손이 제3일에 베냐민 자손에게로 치러 올라가서 전과 같이 기브아를 대하여 항오를 벌이매 베냐민 자손이 나와서 백성을 맞더니 꾀임에 빠져 성읍을 떠났더라. 그들이 큰길 곧 한편은 벧엘로 올라가는 길이요 한편은 기브아의 들로 가는 길에서 백성을 쳐서 전과 같이 이스라엘 사람 30명 가량을 죽이기 시작하며 스스로 이르기를 "이들이 처음과 같이 우리 앞에서 패한다" 하나 이스라엘 자손은 이르기를 "우리가 도망하여 그들을 성읍에서 큰길로 꾀어내자" 하고 이스라엘 사람이 모두 그 처소에서 일어나서 바알 다말에 항오를 벌였고 그 복병은 그 처소 곧 기브아 초장에서 쏟아져 나왔더라. 온 이스라엘 사람 중에서 택한 사람 10,000이 기브아에 이르러 치매 싸움이 심히 맹렬하나 베냐민 사람은 화가 자기에게 미친 줄을 알지 못하였더라. 여호와께서 이스라엘 앞에서 베냐민을 쳐서 파하게 하시매 당일에 이스라엘 자손이 베냐민 사람 25,100을 죽였으니 다 칼을 빼는 자이었더라. 이에 베냐민 자손이 자기가 패한 것을 깨달았으니 이는 이스라엘 사람이 기브아에 매복한 군사를 믿고 잠깐 베냐민 사람 앞을 피하매 복병이 급히 나와 기브아에 돌입하고 나아가며 칼날로 온 성읍을 쳤음이더라. 처음에 이스라엘 사람과 복병 사이에 상약하기를 "성읍에서 큰 연기가 치미는 것으로 군호를 삼자" 하고 이스라엘 사람은 싸우다가 물러가고 베냐민 사람은 이스라엘 사람 30명 가량을 쳐 죽이기를 시작하며 이르기를 "이들이 정녕 처음 싸움같이 우리에게 패한다" 하다가 연기 구름이 기둥같이 성읍 가운데서 일어날 때에 베냐민 사람이 돌아보매 온 성읍에 연기가 하늘에 닿았고 이스라엘 사람은 돌이키는지라. 베냐민 사람이 화가 자기에게 미친 것을 보고 심히 놀라 이스라엘 사람 앞에서 몸을 돌이켜 광야 길로 향하였으나 군사가 급히 추격하며 각 성읍에서 나온 자를 그 가운데서 진멸하니라. 그들이 베냐민 사람을 에워쌌더니 기브아 앞 동편까지 쫓으며 그 쉬는 곳에서 짓밟으매 베냐민 중에서 엎드러진 자가 18,000이니 다 용사더라. 그들이 몸을 돌이켜 광야로 도망하여 림몬 바위에 이르는 큰길에서 이스라엘이 또 5,000명을 이삭 줍듯 하고 또 급히 따라 기돔에 이르러 또 2,000명을 죽였으니 이날에 베냐민의 칼을 빼는 자의 엎드러진 것이 모두 25,000이니 다 용사더라. 베냐민 600명이 돌이켜 광야로 도망하여 림몬 바위에 이르러 거기서 넉 달을 지내었더라. 이스라엘 사람이 베냐민 자손에게로 돌아와서 온 성읍과 가축과 만나는 자를 다 칼날로 치고 닥치는 성읍마다 다 불살랐더라. 이스라엘 사람들이 미스바에서 맹세하여 이르기를 "우리 중에 누구든지 딸을 베냐민 사람에게 아내로 주지 아니하리라" 하였더라. 백성이 벧엘에 이르러 거기서 저녁까지 하나님 앞에 앉아서 대성통곡하여 가로되 "이스라엘의 하나님 여호와여, 오늘날 이스라엘 중에 어찌하여 한 지파가 이지러졌나이까?" 하더니 이튿날에 백성이 일찍이 일어나서 거기 한 단을 쌓고 번제와 화목제를 드렸더라.

8. 이스라엘에 왕이 없으므로 (21:5 - 25)

이스라엘 자손이 가로되 "이스라엘 온 지파 중에 총회와 함께하여 여호와 앞에 올라오지 아니한 자가 누구뇨?" 하니 이는 그들이 크게 맹세하기를 "미스바에 와서 여호와 앞에 이르지 아니하는 자는 반드시 죽일 것이라" 하였음이라. 이스라엘 자손이 그 형제 베냐민을 위하여 뉘우쳐 가로되 "오늘날 이스라엘 중에 한 지파가 끊쳤도다. 그 남은 자들에게 우리가 어떻게 하면 아내를 얻게 하리요? 우리가 전에 여호와로 맹세하여 우리 딸을 그들의 아내로 주지 아니하리라 하였도다." 또 가로되 "이스라엘 지파 중 미스바에 올라와서 여호와께 이르지 아니한 자가 누구뇨?" 하고 본즉 야베스 길르앗에서는 한 사람도 진에 이르러 총회에 참예치 아니하였으니 백성을 계수할 때에 야베스 길르앗 거민이 하나도 거기 없음을 보았음이라. 회중이 큰 용사 12,000을 그리로 보내며 그들에게 명하여 가로되 "가서 야베스 길르앗 거민과 및 부녀와 어린아이를 칼날로 치라. 너희의 행할 일은 모든 남자와 남자와 잔 여자를 진멸할 것이니라" 하였더니 그들이 야베스 길르앗 거민 중에서 젊은 처녀 400인을 얻었으니 이는 아직 남자와 자지 아니하여서 남자를 알지 못하는 자라. 그들이 실로 진으로 끌어오니라. 이는 가나안 땅이더라. 온 회중이 림몬 바위에 있는 베냐민 자손에게 보내어 평화를 공포하게 하였더니 그때에 베냐민이 돌아온지라. 이에 이스라엘 사람이 야베스 길르앗 여인 중에서 살려 둔 여자를 그들에게 주었으나 오히려 부족하므로 백성들이 베냐민을 위하여 뉘우쳤으니 이는 여호와께서 이스라엘 지파들 중에 한 지파가 궐이 나게 하셨음이더라. 회중 장로들이 가로되 "베냐민의 여인이 다 멸절되었으니 이제 그 남은 자들에게 어떻게 하여야 아내를 얻게 할꼬?" 또 가로되 "베냐민의 도망하여 면한 자에게 마땅히 기업이 있어야 하리니 그리하면 이스라엘 중에 한 지파가 사라짐이 없으리라. 그러나 우리가 우리의 딸을 그들의 아내로 주지 못하리니 이는 이스라엘 자손이 맹세하여 이르기를 '딸을 베냐민에게 아내로 주는 자는 저주를 받으리라' 하였음이로다." 또 가로되 "보라, 벧엘 북편, 르보나 남편 벧엘에서 세겜으로 올라가는 큰길 동편 실로에 매년 여호와의 절기가 있도다" 하고 베냐민 자손에게 명하여 가로되 "가서 포도원에 숨어 보다가 실로의 여자들이 무도하러 나오거든 너희는 포도원에서 나와서 실로의 딸 중에서 각각 그 아내로 붙들어 가지고 베냐민 땅으로 돌아가라. 만일 그 아비나 형제가 와서 우리에게 쟁론하면 우리가 그에게 말하기를 '청컨대 너희는 우리에게 은혜를 베풀어 그들을 우리에게 줄지니라. 이는 우리가 전쟁할 때에 각 사람을 위하여 그 아내를 얻어 주지 못하였고 너희가 자의로 그들에게 준 것이 아니니 너희에게 죄가 없을 것임이니라' 하겠노라" 하매 베냐민 자손이 그같이 행하여 춤추는 여자 중에서 자기들의 수효대로 아내로 붙들어 가지고 자기 기업에 돌아가서 성읍들을 중건하고 거기 거하니라. 그때에 이스라엘 자손이 그곳을 떠나 각각 그 지파 그 가족에게로 돌아가되 곧 각각 그 곳에서 나와서 자기 기업으로 돌아갔더라. 그때에 이스라엘에 왕이 없으므로 사람이 각각 그 소견에 옳은 대로 행하였더라.

믿음의 글들

NO.	제목	저자	NO.	제목	저자
1	낮은 데로 임하소서	이청준	47	기도해 보시지 않을래요?	미우라 아야꼬/김갑수
2	재를 남길 수 없습니다	김 훈	48	십자가의 증인들	임영천
3	사랑의 벗을 찾습니다	최창성	49	이들을 보소서	이재철
4	그분이 홀로서 가듯	구 상	50	새롭게 하소서 ② (전2권)	고은아 엮음
5	당신의 날개로 날으리라	D.C. 윌슨/정철하	51	거지들의 잔치	도날드 비쉘리/송용필
6	새벽을 깨우리로다	김진홍	52	내 경우의 삼청교육	임석근
7	사랑이여 빛일레라	구상 · 김동리 외	53	목사님, 대답해 주세요	박종순
8	나 여기에 있나이다 주여	박두진	54	위대한 신앙의 사람들	제임스 로슨/김동순
9	침 묵	엔도 슈사꾸/공문혜	55	두번째의 사형선고	김 훈
10	새롭게 하소서 ①	기독교 방송국	56	구약의 길잡이	쟈끄 뮈쎄/심재율
11	생명의 전화 (절판)	생명의 전화 편	57	신약의 길잡이	쟈끄 뮈쎄/심재율
12	울어라 사랑하는 조국이여	앨런 페이튼/최승자	58	이상구 박사의 복음과 건강	이상구
13	제2의 엑소더스	신시아 프리만/이종관	59	이 민족을 주소서	한국기독여성문인회
14	기탄잘리 (절판)	R. 타고르/박희진	60	믿음의 육아일기	나연숙
15	성녀 줄리아	모리 노리꼬/김갑수	61	전도, 하면 된다	박종순
16	마음의 마음	김남조	62	영혼의 기도	이재철
17	이제와 우리 죽을 때에	김남조	63	주 예수 나의 당신이여	이인숙
18	위대한 몰락	엔도 슈사꾸/김갑수	64	뒷골목의 전도사	김성일
19	예수의 생애	엔도 슈사꾸/김광림	65	내 집을 채우라	김인득
20	그리스도의 탄생	엔도 슈사꾸/김광림	66	보니파시오의 회심 ①	권오석
21	너희에게 이르노니 (절판)	B.S.라즈니쉬/김석환	67	보니파시오의 회심 ② (전2권)	권오석
22	땅끝에서 오다	김성일	68	빛을 위한 콘체르토 ①	신상언
23	당신은 원숭이 자손인가	김석길	69	빛을 위한 콘체르토 ② (전2권)	신상언
24	세계를 변화시킨 13인	H.S. 비제베노/백도기	70	사랑은 죽음같이 강하고	김성일
25	어디까지니이까? (절판)	김 훈	71	너 하나님의 사람아 ①	서대운
26	주여 알게 하소서 (절판)	테니슨/이세순	72	너 하나님의 사람아 ② (전2권)	서대운
27	고통의 하나님	필립 얀시/안정혜	73	속, 빛을 마셔라	김유정
28	각설이 예수	이천우	74	구원에 이르는 신음	신혜원
29	라브리	에디드 쉐퍼/박정관	75	엄마, 난 하나님의 선물이에요	이건숙
30	땅끝으로 가다	김성일	76	홍수 이後 ①	김성일
31	광야의 식탁 ①	오성춘	77	홍수 以後 ②	김성일
32	광야의 식탁 ② (전2권)	오성춘	78	홍수 以後 ③	김성일
33	어머니는 바보야	윤 기 · 윤문지	79	홍수 以後 ④ (전4권)	김성일
34	벌거벗은 임금님 (절판)	백도기	80	히말라야의 눈물—썬다 싱의 생애	이기반
35	여자의 일생	엔도 슈사꾸/공문혜	81	여섯째 날 오후	정연희
36	이 땅에 묻히리라	전택부	82	주부편지 ①	한국기독여성문인회
37	말씀의 징검다리	정장복 · 김수중	83	하나님을 사랑한다는 것은	찰스 콜슨/안정혜
38	해령(海嶺) 上	미우라 아야꼬/김혜강	84	거듭나기 ①	찰스 콜슨/이진성
39	해령(海嶺) 下 (전2권)	미우라 아야꼬/김혜강	85	거듭나기 ② (전2권)	찰스 콜슨/이진성
40	우찌무라 간조 회심기 (개정판)	우찌무라 간조/양혜원	86	이 때를 위함이 아닌지	임영수
41	지금은 사랑할 때	엔도 슈사꾸/김자림	87	가정, 그 선한 싸움의 현장	이근호
42	두려움을 떨치고	에블린 해넌/박정관	88	땅끝의 시계탑 ①	김성일
43	빛을 마셔라	김유정	89	땅끝의 시계탑 ② (전2권)	김성일
44	제국과 천국 上	김성일	90	하나님 하나님, 사랑의 하나님	이상구
45	제국과 천국 下 (전2권)	김성일	91	손바닥만한 신앙수필	김호식
46	천사의 앨범	하마다 사끼/김갑수	92	부부의 십계명	전택부 · 윤경남

NO.	제목	저자	NO.	제목	저자
93	저녁이 되며 아침이 되니	정연희	139	미팅 지저스 (절판)	마커스 보그/구자명
94	임영수 목사의 나누고 싶은 이야기	임영수	140	내 인생, 내 마음대로 할 수 있나요	김석태
95	사해(死海)의 언저리	엔도 슈사꾸/김자림	141	마음의 야상곡	엔도 슈사꾸/정기현
96	다가오는 소리	김성일	142	예수의 道	이기반
97	질그릇 속의 보화	낸시 죠드/ 김애진	143	청정한 빛	서중석
98	그 그을음 없는 화촉의 밤에	이혜자	144	사랑은 스스로 지치지 않는다	샤를르 롱삭/정미애
99	주부편지 ②	한국기독여성문인회	145	빛으로 땅끝까지 ①	김성일
100	「믿음의 글들」, 나의 고백	이재철	146	빛으로 땅끝까지 ② (전2권)	김성일
101	양화진	정연희	147	평양에서 서울까지 47년	김선혁
102	무엇을 믿으며 어떻게 살 것인가	임영수	148	예수에 관한 12가지 질문	마이클 그린/유선명
103	실존적 확신을 위하여	구 상	149	내 잔이 넘치나이다	정연희
104	맹집사 이야기	맹천수	150	천사 이야기	빌리 그레이엄/편집부
105	무거운 새	김광주	151	도사님, 목사님	김해경
106	성탄절 아이	멜빈 브랙/손은경	152	이것이 교회다	찰스 콜슨/ 김애진 외
107	삶, 그리고 성령	임영수	153	현대인에게도 하나님이 필요한가	해롤드 쿠시너/유선명
108	왜, 일하지 않는가	찰스 콜슨·잭 액커드/김애진	154	배신자	스탠 텔친/김은경
109	겸손의 송가	문홍수	155	잊혀진 사람들의 마을 (절판)	김요석
110	김수진 목사의 일본 개신교회사	김수진	156	사이비종교	위고 슈탑/송순섭
111	산 것이 없어진다	이재왕	157	하나님이 고치지 못할 사람은 없다	박효진
112	기독교 성지순례와 역사	박용우	158	열린 예배 실습보고서	에드 답슨/박혜영·김효영
113	주여, 사탄의 왕관을 벗었나이다	김해경	159	죽음, 가장 큰 선물	헨리 나웬/홍석현
114	꼴찌의 간증	이건숙	160	우리는 낯선 땅을 밟는다	김호열
115	노년학을 배웁시다	윤경남	161	나의 세계관 뒤집기	성인경
116	일터에 사랑	토니 캄플로/이승희	162	행동하는 사랑, 헤비타트	밀라드 풀러/김선형
117	시인의 고향	박두진	163	아브라함 ①	김성일
118	사도일기	나연숙	164	아브라함 ② (전2권)	김성일
119	믿는 까닭이 무엇이냐	임영수	165	회복의 목회	이재철
120	내게 오직 하나 사랑이 있다면	전근호	166	아가(雅歌)―부부의 성에 관한 솔로몬의 지혜	조셉 딜로우/김선형·김웅교
121	땅끝의 십자가 ①	김성일	167	대천덕 자서전―개척자의 길	대천덕/양혜원
122	땅끝의 십자가 ② (전2권)	김성일	168	예수원 이야기―광야에 마련된 식탁	현재인/양혜원
123	가정의 뜻, 금혼잔치 베품의 뜻	전택부	169	희망의 문	장 바니에/김은경
124	너의 남자를 진정으로 사랑하려면	린다 딜로우/양은순	170	친구에게―우정으로 양육하는 편지	유진 피터슨/양혜원
125	사랑은 언제나 오래 참고	김성일 신앙간증집 ②	171	회복의 신앙	이재철
126	썬글라스를 끼고 나타난 여자	조연경 꽁트집	172	사랑으로 조국은 하나다	박세록
127	회개하소서, 십자가의 원수된 교회여	허 성	173	열 동안 배우는 주기도문 학교	임영수
128	남자의 성(性), 그 감추어진 이야기	아취볼드 디 하트/유선명	174	성령의 능력으로 사역하라	팰 브래드포드 용 · 더글러스 맥머리
129	새신자반	이재철	175	시편으로 드리는 매일 기도	유진 피터슨/이철민
130	아바 ①	정문영 전작장편소설	176	스크루테이프의 편지	C. S. 루이스/김선형
131	아바 ② (전2권)	정문영 전작장편소설	177	청년아, 울더라도 뿌려야 한다	이재철
132	즐거운 아프리카 양철교회	파벨틱/추태화	178	책읽기를 통한 치유	이영애
133	공중의 학은 알고 있다 ①	김성일 전작장편소설	179	아름다운 빈손 한경직	김수진
134	공중의 학은 알고 있다 ② (전2권)	김성일 전작장편소설	180	거북한 십대, 거룩한 십대	유진 피터슨/양혜원
135	이 또한 나의 생긴 대로	김유심	181	성경, 흐름을 잡아라	존 팀머/박혜영 · 이서열
136	들의 꽃 공중의 새	이기반	182	복음서로 드리는 매일기도	유진 피터슨/이종태
137	아이에게 배우는 아빠 (개정판)	이재철	183	정말 쉽고 재미있는 평신도 신학 1	송인규
138	공짜는 없다	정구영	184	정말 쉽고 재미있는 평신도 신학 2	송인규

(다음 면에 계속)

NO.	제 목	저 자	NO.	제 목	저 자
185	순전한 기독교	C. S. 루이스/장경철·이종태	231		
186	2주 동안 배우는 사도신경 학교	임영수	232		
187			233		
188			234		
189			235		
190			236		
191			237		
192			238		
193			239		
194			240		
195			241		
196			242		
197			243		
198			244		
199			245		
200			246		
201			247		
202			248		
203			249		
204			250		
205			251		
206			252		
207			253		
208			254		
209			255		
210			256		
211			257		
212			258		
213			259		
214			260		
215			261		
216			262		
217			263		
218			264		
219			265		
220			266		
221			267		
222			268		
223			269		
224			270		
225			271		
226			272		
227			273		
228			274		
229			275		
230			276		

설교집 / 어린이를 위한 책 / 기타

NO.	제 목	저 자	NO.	제 목	저 자
	설 교 집			예수님은 재판을 받으셨어요	프랜 쌔춰 그림
	하나님의 형상, 사람의 모습 (창1-3장)	김서택		첫 번 부활절	
	대홍수, 그리고 무지개 언약 (창4-11장)	김서택		쌔미와 숨바꼭질 (전4권)	다니엘 제이 흑스타터 그림
	약속의 땅에도 기근은 오는가 (창12-17장)	김서택		걱정많은 참새 투덜이	메릴 드니
	불의한 시대를 사는 의인들 (창18-21장)	김서택		음치 종달새 딱구	캐롤라인 나이스트롬
	죽음의 한계를 넘어선 신앙 (창22-25장)	김서택		보물나무	트렌트·스몰리/주디 러브
	팥죽 한 그릇의 거래 (창25-28장)	김서택		만화 성서대전 (전4권)	리비 위드·짐 파게트
	천사와 씨름한 사람 (창29-32장)	김서택		성경전과 – 구약	셀리나 헤이스팅즈·에릭토마스
	꿈을 가진 자의 연단 (창33-39장)	김서택		성경전과 – 신약	셀리나 헤이스팅즈·에릭토마스
	은잔의 테스트 (창40-44장)	김서택		어린이 낯은 데로 임하소서	조성자 글/신가영 그림
	열두 아들이 받은 축복 (창45-50장)	김서택		나나는 하나님이 궁금해요	인젤리카 슈탐퍼·베티나 굿뻐헤크
				오늘 우리 아이에게 무슨 일이 일어났을까?	볼프강 기이스·임케 죄닉센
	하나님의 불붙는 사랑 (호세아/전2권)	김서택			
	가시 같은 이웃 (오바댜)	김서택		**시 집**	
	건축술로서의 강해설교	김서택		실낙원의 연인들	최일도·김연수
	강해설교의 기초	김서택		기탄잘리	R. 타고르/박희진
	위대한 부흥의 불꽃, 이스라엘의 사사들 1	김서택		박두진 유고 시집 당신의 사랑 앞에	박두진
	위대한 부흥의 불꽃, 이스라엘의 사사들 2	김서택			
	요한과 더불어—여섯 번째 산책 (요13-15장)	이재철		**역 사 서**	
	요한과 더불어—일곱 번째 산책 (요16-17장)	이재철		독일사	앙드레 모로아/전영애
	요한과 더불어—여덟 번째 산책 (요18-19장)	이재철		소련사	제프리 호스킹/김영석
	요한과 더불어—아홉 번째 산책 (요20장)	이재철		중국사	구쯔마/윤혜영
	요한과 더불어—열 번째 산책 (요21장)	이재철		중국 개신교회사	김수진
	요한과 더불어 에센스 ⑩, ⑨, ⑧	이재철			
	2001 예배와 설교 핸드북	정장복		**기 타**	
				예수꾼의 놀이꺼리-겨울편	전국재
	어 린 이			묵상의 숲 속에서	이기반
	꼬마성경 구약 (전8권)	프랜 쌔춰 그림		스위트필그림의 기적	클레이톤 설리번
	노아			실베스트르, 나의 어린 왕자	프랑스와즈 르페브르
	요셉			그 어느 날, 한 마리 개는	모니끄 마르땡 그림
	모세			세상에서 가장 멋진 프로포즈	조연경·조소희
	여호수아			여호와는 나의 목자시니	곽정명 그림
	룻			앗호! 군대 간다	문현덕 글·그림
	다윗			대학생활 길잡이	학원복음화협의회 편
	다니엘			인생의 사계절	임영수
	요나			청년 사역자 핸드북	학원복음화협의회 편
	꼬마성경 신약 (전8권)	프랜 쌔춰 그림		동방 (전5권)	김성일
	첫 번 크리스마스			오디오북 낮은 데로 임하소서	설영범 읽음
	예수님은 특별한 아이였어요			메시지북 비전의 사람	이재철
	예수님은 가르쳐 주셨어요			메시지북 하나님의 영으로	한경직
	예수님은 놀라운 일을 하셨어요				
	예수님은 고쳐 주셨어요				
	예수님은 이야기해 주셨어요